教材項目規劃小組
Teaching Material Project Planning Group

嚴美華　　姜明寶　　王立峰
田小剛　　崔邦焱　　俞曉敏
趙國成　　宋永波　　郭　鵬

加拿大方咨詢小組
Canadian Consulting Group

Dr. Robert Shanmu Chen
Mr. Zheng Zhining
University of British Columbia

Dr. Helen Wu
University of Toronto

Mr. Wang Renzhong
McGill University

中國國家對外漢語教學領導小組辦公室規劃教材
Project of NOTCFL of the People's Republic of China

NEW PRACTICAL CHINESE READER

Textbook

新實用漢語課本

3

（课本）

主編：劉　珣

編者：張　凱　　劉社會　　陳　曦

　　　左珊丹　　施家煒　　劉　珣

英譯審定：Jerry Schmidt

北京语言大学出版社
BEIJING LANGUAGE AND CULTURE
UNIVERSITY PRESS

圖書在版編目（CIP）數據

新實用漢語課本：繁體字版 . 3/劉珣主編 . —北京：
北京語言大學出版社，2008.4
ISBN 978－7－5619－2048－0

Ⅰ. 新… Ⅱ. 劉… Ⅲ. 漢語－對外漢語教學－教材
Ⅳ. H195.4

中國版本圖書館 CIP 數據核字（2008）第 036048 號

版權所有　翻印必究

書　　名:	新實用漢語課本：繁體字版 . 3
責任編輯:	朱洪軍
封面製作:	張　靜
責任印製:	汪學發

出版發行: 北京語言大学出版社

社　　址: 北京市海淀區學院路 15 號　郵政編碼：100083

網　　址: www. blcup. com

電　　話: 發行部　82303650/3591/3651
　　　　　編輯部　82303647
　　　　　讀者服務部　82303653/3908
　　　　　網上訂購電話　82303668
　　　　　客户服務信箱　service@ blcup. net

印　　刷: 北京新豐印刷廠

經　　銷: 全國新華書店

版　　次: 2008 年 4 月第 1 版　2008 年 4 月第 1 次印刷

開　　本: 889 毫米×1194 毫米　1/16　印張：16.5

字　　數: 302 千字　　印數：1－3000 冊

書　　號: ISBN 978－7－5619－2048－0/H · 08037

定　　價: 58.00 元

凡有印裝質量問題，本社負責調換。電話：82303590

目　録
CONTENTS

2

二、注釋　Notes

動詞"算"　The verb "算"

副詞"還"(5)　The adverb "還" (5)

夠+V　The construction "夠+V"

三、練習與運用　Drills and Practices

認識　Making someone's acquaintance

猜測　Making a guess

模糊表達　Giving a vague response

解釋　Explaining

四、閱讀和復述　Reading Comprehension and Paraphrasing　經理上學

五、語法復習　Grammar Review

1. 結構助詞"的、地、得"　Structural particles "的, 地, 得"

2. "把"字句小結　Summary of the "把" sentence

3. 副詞"就"和"還"　The adverbs "就" and "還"

六、字與詞　Chinese Characters and Words

構詞法(6)　Word formation methods (6)

第三十三課　Lesson 33　保護環境就是保護我們自己 ⋯⋯⋯⋯⋯⋯

一、課文　Texts

生詞　New Words

二、注釋　Notes

縮略語　The abbreviation

A/N+化　The construction "A/N+化"

(不)到+Num-MP　The construction "(不)到+Num-MP"

跟+NP+(沒)有關係　The construction "跟+NP+(沒)有關係"

三、練習與運用　Drills and Practices

表示可能　Indicating a possibility

表示擔心　Expressing concern

引起話題　Bringing up a topic of conversation

四、閱讀和復述　Reading Comprehension and Paraphrasing　熊貓是中國的國寶

五、語法　Grammar

1. 可能補語(1)　Potential complement (1)

2. "出來"的引申用法　Extended use of "出來"

3. 名詞、量詞和數量詞短語的重叠

The reduplication of nouns, measure words, and numeral-measure word phrases

4. 既⋯⋯,又⋯⋯　The construction "既⋯⋯,又⋯⋯"

六、字與詞　Chinese Characters and Words

When you live in a place with a different culture, you may not be used to the local customs. The local people may also have the same feeling about your own customs. How do we deal with these cultural differences? Read the following conversation between our main characters at a teahouse.

第二十七課 Lesson 27

入鄉隨俗

一、課文　Texts

服務員：幾位來點兒甚麼?①

陸雨平：來一壺茶，再來一些點心。

服務員：好的，請稍等。

陸雨平：這就是我常說的老茶館。今天我把你們帶到茶館來，你們可以瞭解一下我們這兒的風俗。

馬大爲：茶館裡人不少，真熱鬧。

林　娜：他們說話的聲音太大了。

服務員：茶—來—了! 您幾位請慢用。②

馬大爲：我們正在說聲音大，這位服務員的聲音更大。

王小雲：茶館就是最熱鬧的地方。有的人還把舞臺搬進茶館來了，在茶館裡唱戲，比這兒還熱鬧呢。

林　娜：我覺得，在公共場所說話的聲音應該小一點兒。來中國以後，我發現在不少飯館、商店或者車站，人們說話的聲音都很大。說實在的，我真有點兒不習慣。

【表示看法】
Expressing one's opinion

王小雲：到茶館來的人都喜歡熱鬧。大家一邊喝茶，一邊聊天，聊得高興的時候，說話的聲音就會越來越大。喜歡安靜的人不會到茶館來。他們常常到別的地方去，比如去咖啡館。③

陸雨平：林娜說得對。在公共場所，有的人說話的聲音太大了。

王小雲：我想在這兒聊一會兒天，可是你們都覺得這兒太鬧。好，咱們走吧。前邊有一個公園，那兒人不多。咱們到那個公園去散散步。

馬大爲：好的，咱們一邊散步，一邊聊天。

生詞 New Words

1. 入鄉隨俗	IE	rù xiāng suí sú	When in Rome, do as the Romans do.
入	V	rù	to enter
鄉	N	xiāng	native place; home village; country
隨	V	suí	to follow
俗	N	sú	custom

2. 服務員	N	fúwùyuán	attendant, waiter / waitress
服務	V	fúwù	to give service; to serve
3. 壺	N/M	hú	kettle, pot　茶壺，酒壺，咖啡壺，一壺茶，一壺水
4. 點心	N	diǎnxin	light refreshments; pastry　一些點心，一斤點心，一種點心，一塊點心
5. 稍	Adv	shāo	slightly; a little　請稍等，稍等一下，稍大一點兒
6. 茶館	N	cháguǎn	teahouse　老茶館，新茶館
7. 瞭解	V	liǎojiě	to understand; to find out　瞭解情況，瞭解學生，瞭解中國，向他瞭解
8. 風俗	N	fēngsú	custom　瞭解風俗，這兒的風俗，一樣的風俗，不同的風俗
9. 熱鬧	A/V	rènao	bustling with noise and excitement　熱鬧的地方，很熱鬧，喜歡熱鬧
鬧	A/V	nào	noisy　太鬧
10. 説話	VO	shuōhuà	to speak; to talk　説甚麼話，説很多話，説一會兒話
11. 聲音	N	shēngyīn	sound, voice　説話的聲音，演奏的聲音，他的聲音，聲音很大
聲	N	shēng	sound, voice　大聲，小聲，輕聲
12. 更	Adv	gèng	more　更熱鬧，更可愛，更方便，更倒霉，更壞，更瞭解，更要，更放心，更注意，更覺得
13. 最	Adv	zuì	most　最熱鬧，最有名，最辛苦，最便宜，最難，最喜歡，最想，最習慣，最着急，最感興趣
14. 舞臺	N	wǔtái	stage　京劇舞臺，越劇舞臺，在舞臺上唱，在舞臺上演奏
舞	N	wǔ	dance
臺	N	tái	platform; stage

15.	搬	V	bān	to move; to take a way 搬東西, 搬家, 搬到這兒, 搬進茶館
16.	場所	N	chǎngsuǒ	place 公共場所, 學習場所
17.	發現	V	fāxiàn	to find, to discover 發現問題, 發現一件事兒
18.	一邊……, 一邊……	yìbiān……, yìbiān……	at the same time; simultaneously 一邊喝茶, 一邊看書	
19.	聊天	VO	liáotiān	to chat 跟朋友聊天, 喜歡聊天, 聊一會兒天, 聊甚麼天
20.	安靜	A	ānjìng	quiet 喜歡安靜, 安靜的地方, 更安靜, 最安靜
	靜	A	jìng	quiet
21.	比如	V	bǐrú	to give an example; for instance
22.	咖啡館	N	kāfēiguǎn	cafe; coffee bar

(二)

丁力波： 我們把自己的看法說出來, 你們會不高興嗎?

陸雨平： 當然不會。我們常跟外國朋友在一起, 知道不同國家的人有不同的習慣。對我們來說, 這很正常。④

【舉例說明】
Giving an example

丁力波： 不瞭解外國文化的人會怎麼想呢?

王小雲： 有些事兒他們會覺得很不習慣, 比如說, 中國人吃飯用筷子, 西方人吃飯用刀叉。西方人把食物放在自己的盤子裡, 把大塊切成小塊, 再把它送到嘴裡。如果手指上有點兒食物, 就舔手指, 有的中國人看了也很不習慣。

馬大爲： 用刀叉吃飯, 把手指上的食物舔乾淨, 那是我們的好習慣。力波，你說是不是？

丁力波：是啊。我們從小到大⑤都這樣做。

王小雲：可是在我們這兒，吃飯的時候舔手指不是好習慣。

陸雨平：我看應該"入鄉隨俗"。⑥我們在國外的公共場所説話的聲音要小一點兒；你們到中國人家裡吃飯也不一定要舔手指。

丁力波：對，我就是"入鄉隨俗"：吃中餐的時候，我用筷子；吃西餐的時候，我用刀子、叉子。我覺得都很好。我爸爸媽媽他們也都是這樣。

王小雲：力波，把"入鄉隨俗"翻譯成英語，該怎麼説？

生詞 New Words

1. 看法	N	kànfǎ	view	自己的看法，大家的看法，對茶館的看法，一種看法，有看法，看法不同
2. 正常	A	zhèngcháng	normal, regular	正常的看法，正常的習慣，情況很正常
3. 筷子	N	kuàizi	chopsticks	用筷子吃飯，會用筷子，一雙 (shuāng) 筷子
4. 刀叉	N	dāochā	knife and fork	用刀叉吃飯，習慣用刀叉，一副 (fù) 刀叉
刀(子)	N	dāo (zi)	knife	
叉(子)	N	chā (zi)	fork	
5. 食物	N	shíwù	food; eatables	買食物，拿食物，把食物放在桌上
食	V	shí	to eat	
物	N	wù	thing	

6. 塊	M	kuài	piece, lump	兩塊蛋糕，一小塊蘋果，一大塊羊肉，一塊點心
7. 盤子	N	pánzi	plate, dish	新盤子，髒盤子，把食物放在盤子裡
盤	M	pán	dish	一盤菜，一盤點心
8. 切	V	qiē	to cut, to slice	切蛋糕，切蘋果，切羊肉，把食物切成小塊
9. 嘴	N	zuǐ	mouth	送到嘴裡，吃到嘴裡，一張嘴
10. 手指	N	shǒuzhǐ	finger	用手指，一個手指
手	N	shǒu	hand	
11. 舔	V	tiǎn	to lick	舔食物，舔手指
12. 乾淨	A	gānjìng	clean	更乾淨，最乾淨，乾淨的衣服，乾淨的刀叉，乾淨的盤子，洗乾淨，舔乾淨
13. 這樣	Pr	zhèyàng	so, such	這樣做，這樣寫，這樣切，這樣乾淨，這樣的照相機
14. 西餐	N	xīcān	Western-style food (meal)	吃西餐，對西餐感興趣

補充生詞 Supplementary Words

1. 敬	V	jìng	to offer politely
2. 香	A	xiāng	fragrant, sweet-smelling
3. 寺廟	N	sìmiào	temple
4. 和尚	N	héshang	Buddhist monk
5. 書法家	N	shūfǎjiā	calligrapher
6. 胸	N	xiōng	chest
7. 阿彌陀佛	IE	Ēmítuófó	May Buddha preserve us; merciful Buddha

8. 宋代	PN	Sòngdài	Song Dynasty
9. 蘇東坡	PN	Sū Dōngpō	Su Dongpo (a famous Chinese writer of the Song Dynasty)

二、注釋　　Notes

① 幾位來點兒甚麼？

"What do you want to order?"

"幾位" (a few, several) represents an estimate of a number of people.

The verb "來" is commonly used to replace the verbs that have more specific meanings in spoken language. The construction "來+NP (the receiver of the action)", in which "來" replaces the verbs such as "要" and "買", is often employed to inquire about someone's needs or to request something from someone. For example, "您來點兒甚麼？" (meaning "您要點兒甚麼？"), "來一壺茶" (meaning "要一壺茶"), "來一斤蛋糕" (meaning "買一斤蛋糕").

② 您幾位請慢用。

"Please enjoy."

In "您+Num+位", "您" replaces "你們" ("您們" is not used in spoken language). The "用" in "請慢用" is the polite version of the verb like "吃" or "喝"; used to show courtesy and respect. For example, 請用茶, 請用飯, 請用菜, 請用咖啡.

③ 他們常常到別的地方去，比如去咖啡館。

"They often go to other places, such as cafe."

The verb "比如" (also "比如說" in spoken language) is employed by a speaker when giving an example. It is usually placed at the end of a sentence, but can also be used in the middle of a sentence. For example,

他很喜歡吃中國菜，比如說烤鴨、涮羊肉。

有些公共場所，比如飯館、車站，人們説話的聲音太大，她很不習慣。

④ 對我們來說，這很正常。

"To us, this is very common."

"對+N+來説" means to make a judgement from someone's point of view or from a more objective perspective. It is usually used at the beginning of a sentence. For example，

　　對丁力波來説，用筷子吃飯很容易。

　　對語言課本來説，課文和生詞是主要的。

⑤ 我們從小到大都這樣做。

"We have been doing it this way since our childhood."

"從小到大" means "since one's childhood".

⑥ 我看應該 "入鄉隨俗"。

In my opinion, "When in Rome, do as the Romans do".

The "看" in "我看" is similar to "想" or "覺得". It indicates a point of view, or an opinion. For example，

　　我看現在就走。

　　我看他今天不會來。

三、練習與運用　Drills and Practices

重點句式　KEY SENTENCES

1. 今天我把你們帶到茶館來。
2. 大家一邊喝茶，一邊聊天。
3. 茶館就是最熱鬧的地方。
4. 這位服務員的聲音更大。
5. 對我們來説，這很正常。
6. 西方人把食物放在自己的盤子裡。
7. 他把大塊切成小塊，再把它送到嘴裡。
8. 把 "入鄉隨俗" 翻譯成英語，該怎麼説？
9. 他們常常到別的地方去，比如去咖啡館。
10. 咱們到那個公園去散散步。

1. 熟讀下列短語　Master the following phrases

(1) 來一壺茶　　　來一瓶葡萄酒　　來一盤點心　　來一份蛋糕
　　來一個烤鴨　　來一個涮羊肉　　來一盤大蝦　　來一個蔬菜

(2) 把包裹寄到美國去　　把汽車開到學校來　　把病人送到醫院
　　把桌子搬到宿舍裡　　把蔬菜拿到廚房去　　把信寄到廣州

(3) 把衣服放在座位上　　把車停在郵局前邊　　把刀叉抓在手裡
　　把生詞記在本子上　　把練習寫在紙上　　把書丟在汽車上了

(4) 把絲綢做成旗袍　　　把香蕉切成小塊
　　把中文翻譯成英文　　把英鎊換成人民幣　　把"花兒"唸成"畫兒"

(5) 游一會兒泳　　化一會兒妝　　散一會兒步　　聊一會兒天　　幫一會兒忙
　　游游泳　　　化化妝　　　　散散步　　　　聊聊天　　　　幫幫忙
　　游了游泳　　化了化妝　　　散了散步　　　聊了聊天　　　幫了幫忙

(6) 生活更方便　　　工作更辛苦　　　公園更安靜　　　張三更高
　　白車更漂亮　　　跑得更快　　　　做得更不好　　　寫得更認真
　　瞭解得更多　　　發現得更早　　　聲音最大　　　　學習最努力
　　服務最不熱情　　變化最多　　　　時間最短　　　　提高得最快
　　管理得最好　　　發展得最慢　　　搬得最重　　　　切得最小

2. 句型替換　Pattern drills

(1) 你把你朋友帶到哪兒去了？
　　我把我朋友帶到王府井去了。

這本詞典	寄	西安
車	開	博物館
桌子	搬	樓上
那個小孩	送	他家裡
花	拿	溫室

(2) 把<u>衣服</u>放在<u>哪兒</u>?

把<u>衣服</u>放在<u>牀上</u>吧。

筷子	放	右邊
自行車	放	樓下
問題	記	電腦裡
今天的漢字	寫	紙上
汽車	停	宿舍前邊

(3) 要把<u>生日蛋糕</u>切成<u>小塊</u>嗎?

要切成<u>小塊</u>。

剛買的布	做	襯衫
這篇課文	翻譯	英語
聽到的事兒	寫	文章
人民幣	換	英鎊
這個地方	發展	城市

(4) <u>這家咖啡館</u>比<u>那家</u>更<u>安靜</u>。

我看<u>公園旁邊的那家</u>最<u>安靜</u>。

黑車	紅車	漂亮	白車
飯館	咖啡館	熱鬧	茶館
這位服務員	那位	熱情	我們學校的服務員
這個詞	那個	正式	老師教的

(5) 他們在做甚麼?

他們一邊<u>散步</u>,一邊<u>聊天</u>。

洗衣服	聽音樂
騎着自行車	說着、笑着
化妝	開玩笑
舉辦展覽	賣畫兒

(6) 對<u>我</u>來說,<u>不同的國家有不同的習慣</u>,這很正常。

有些人	在茶館裡說話的聲音大
馬大爲他們	把手指上的食物舔乾淨
學生	有時候寫錯漢字
老師	有的問題不能回答

3. 課堂活動 Classroom activity

Have a student ask a question such as "在甚麼地方看書最好？" and "星期六的晚上你喜歡做甚麼？"; and then ask other students express their own opinions by using "我覺得", "我看", "我發現", "對我來說", "比如說", etc.

4. 會話練習 Conversation exercises

> IDIOMATIC EXPRESSIONS IN CONVERSATION
>
> 我看 (In my opinion; I think...)
>
> 對我來說 (To me, ...)
>
> 比如說 (For example, ...)
>
> 你說是不是 (What do you think?)

[表示看法 Expressing one's opinion]

(1) A：你覺得這兒的茶館怎麼樣？

B：我覺得不錯。幾個朋友在一起喝喝茶、聊聊天，有時候還可以聽聽相聲 (xiàngsheng, comic dialogue)、看看京劇，很有意思。

C：可是，我發現這些場所人們說話的聲音太大，不安靜。

A：茶館就是熱鬧的地方。人們說話的聲音大，大家也都習慣了。特別是年輕人聊天聊得高興的時候，聲音就越來越大了。

C：對我來說，公共場所應該安靜點兒，說話的聲音要小一點兒。這樣鬧的地方，我覺得不舒服。

A：你的看法很對，我也是這樣想的。聽說一些新茶館，比如老舍 (Lǎo Shě) 茶館，就很安靜。

(2) A：你喜歡喝茶還是喝咖啡？

B：來中國以前我喜歡喝咖啡，現在入鄉隨俗，我也習慣喝茶了。

中國人更喜歡喝茶，是不是？

A：可以這麼說。中國人愛喝茶的多。對我們來說，茶不但是一種飲料 (yǐnliào, drink)，而且也是一種中藥。

B：你說中藥？你們把茶當成藥？

A：是啊。我們覺得喝茶對身體很好。比如說，你吃得太多，覺得不舒服，喝點茶就好多了。

B：我看喝咖啡對身體也不錯。你覺得太累的時候，喝點咖啡就能更好地工作了。

［舉例說明　Giving an example］

A：來這兒以前，你瞭解中國文化嗎？

B：瞭解一點兒。我是學中文的，對中國文化很感興趣。比如說，我喜歡吃中餐、看中國電影、聽中國民樂、參觀中國畫展覽。你是甚麼時候注意西方文化的？

A：我考上英語系以後，就開始學習西方文學。我們這兒每天都能看到西方電影，圖書館也有很多西方的書。我特別愛看英文小說。當然，要真正瞭解西方文化，還應該到你們國家去看一看。

5. 看圖說話　Describe the following pictures

(1)

　　把……成……片兒(piànr, slice)　　　　　把……在……

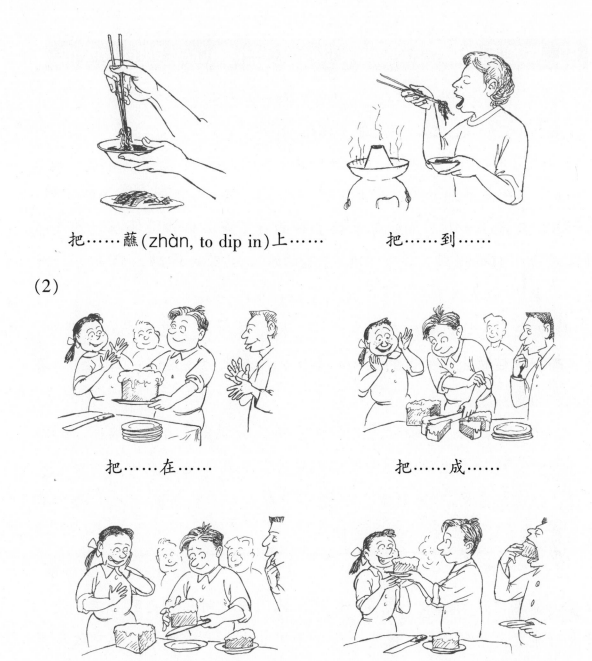

把……蘸(zhàn, to dip in)上……　　　把……到……

(2)

把……在……　　　把……成……

把……在……　　　把……到……

6. 交際練習 Communication practice

（1）While travelling abroad, you may have observed some different customs in foreign countries. Describe some of them and state your opinions about them.

（2）Describe what happened when you tried to follow one of these foreign customs (or "doing as the Romans do").

After you speak, write down what you have said.

敬 香 茶

宋代大文學家蘇東坡，常常一個人出去旅行。他特別喜歡參觀寺廟。有一天，他走進一座寺廟。廟裡的老和尚看了看進來的這個人，覺得他好像是教小孩的老師，是一個很普通的人，就坐着沒動，只說了一個字，"坐。"他又指了指小桌子上的茶壺，說："茶。"

蘇東坡笑了笑，就坐在小桌旁邊。他小聲地問了老和尚一些問題，老和尚發現這位先生知道的東西很多，就站起來熱情地說："請坐！"又對小和尚說："敬茶！"

老和尚問蘇東坡："請問，您貴姓？"蘇東坡說出了自己的名字。老和尚沒想到，這位先生就是大文學家蘇東坡，他馬上把蘇東坡請到大桌子前邊，很客氣地說："請上座！"而且還大聲地對小和尚說："快！快！敬香茶！"蘇東坡笑着說："不客氣！"

老和尚知道，蘇東坡不但是一位大文學家，而且還是一位大書法家。他想，如果請蘇東坡給寺廟寫一幅字，他們的寺廟就會更有名，這是一件大好事兒。想到這兒，他馬上去房子里拿出一大張紙來，把它放在桌子上，再把兩手放到胸前，嘴裡說："阿彌陀佛！阿彌陀佛！我想請您給我們寫一幅字。"

蘇東坡站起來，想了想，說："可以。"他就把老和尚剛才說的話寫在紙上：

"坐，請坐，請上坐。

茶，敬茶，敬香茶。"

老和尚站在旁邊一邊看，一邊唸。唸完這十二個字，他的臉紅了。

1. "把"字句(3)　The "把" sentence (3)

The "把" sentences in this lesson contain the resultative complements, such as "到", "在" and "成", after the predicate verbs. This kind of sentence is commonly used to express a change of position or status of something (or somethbody) specific, which has resulted from some action.

$$S + 把 + O_把 + V + 到 / 在 / 成 + O$$

Subject	Predicate				
	"把"	O把	V	到 / 在 / 成	O
我	把	你們	帶	到	這兒。
陸雨平	把	汽車	開	到	宿舍樓前邊。
西方人	把	食物	放	在	自己的盤子裡。
丁力波	把	這些漢字	寫	在	本子上。
他們	把	大塊食物	切	成	小塊。
他	把	這個詞	翻譯	成	英文。

Note：Sentences that express a change of position or status of something (or somebody) resulting from an action, can generally only be formed using the "把" construction. For example, the above sentences cannot be stated as: ⊗"陸雨平開汽車到宿舍樓前邊。" ⊗"西方人放食物在自己的盤子裡。" ⊗"他翻譯這個詞成英文。"

2. 副詞"更"、"最"表示比較　The adverbs "更" and "最" used to express comparisons

The adverb "更" is used as an adverbial in front of an adjective, an optative verb or a verb denoting a psychological state. It indicates a comparison between two different things, or between two different stages of the same thing. For example,

他比我更會游泳。　　　(Compared with me)

這位服務員的聲音更大。　(Compared to the others in the tea house)

他現在更不想回家了。　　(Compared to the previous situation)

The adverb "最" is used in comparisons to show the superlative degree among a group of people or things. It is often used as an adverbial before an adjective, an optative verb or a verb denoting a psychological state. For example,

茶館就是最熱鬧的地方。

我們年級有三個系，我們系的學生最多。

在他們幾個人中，丁力波的漢字寫得最漂亮。

馬大爲最愛聽中國民樂。

3. 離合詞 Separable disyllabic verbs

Some disyllabic verbs in the Chinese language are separable; one can insert other elements between them. These verbs are called separable verbs. The majority of separable verbs are composed of the "V+O" structure, such as "游泳，吃飯，起牀，睡覺，開學，上課，發燒，看病，住院，開車，打的，罰款，過期，排隊，化妝", which we have learned in previous lessons, and "説話、聊天" in this lesson.

他沒有游過泳。

老師説了很長時間的話。

他在銀行排了兩次隊。

我想在這兒聊一會兒天。

我朋友幫了我的忙。

Notes: (1) Separable verbs usually cannot take objects. For example, you cannot say: ⊗"我朋友幫忙我。"

(2) Time-measure complements or action-measure complements can only be used between the two parts of a separable verb; never after it. For example, you cannot say: ⊗"老師説話了很長時間。" ⊗ "他在銀行排隊了兩次。"

The reduplication form of the separable verb of the "V+O" structure is "AAB", "A 一AB", or "A 了AB". For example, "散散步，聊一聊天，游了游泳".

4. "一邊……，一邊……" The construction "一邊……，一邊……"

"一邊……，一邊……" ("…, at the same time…", "…while…")is used in front of verbs to indicnte two or more actions taking place simultaneously. For example,

咱們一邊散步，一邊聊天。

王小雲一邊看小說，一邊聽音樂。

六、字與詞　Chinese Characters and Words

構詞法 Word formation methods

Words in modern Chinese can be classified as simple words and compound words. Simple words are made up of one morpheme (generally speaking, one character). Compound words are composed of two or more morphemes. The understanding of the compound word construction is helpful to that of the word meanings and the study of new words.

構詞法(1): 聯合式　Word formation methods (1): Joint compound words

Joint compound words usually take one of these three forms: "N+N"(e.g. 聲音); "A+A"(e.g. 多少) and "V+V"(e.g. 考試). They can also be divided into three types, on the basis of the meanings of their components:

A. Words composed of the components with the same or similar meanings: 幫+助→幫助. For example,

休息　考試　聚會　管理　聲音　語言

B. Words composed of the components of the opposite meanings: 東+西→東西. For example,

多少　沒有　買賣　國家　左右　大小

C. Words composed of the components with the related meanings: 優+美→優美. For example,

安靜　刀叉　學習　鍛煉　教練　種類

Ding Libo and his friends celebrated the Mid-Autumn Festival with their Chinese friends for the first time. They ate moon cakes and admired the moon together. They also exchanged small gifts. Should presents be opened and praised right away? Once again, they discovered some differences in the conventions of their cultures.

第二十八課 Lesson 28

禮輕情意重

一、課文　　　Texts

陸雨平：今天是中秋節①，中國人喜歡全家在一起過這個節日。

　　　　今天，我們也一起過。

馬大為：謝謝你，雨平。今天我們可以瞭

【比較】
Comparing

　　　　解一下中國人是怎麽過中秋節的。

　　　　中秋節有春節那麽熱鬧嗎？

宋　華：中秋節雖然沒有春節熱鬧，但是它也是一個重要的節

　　　　日。

王小雲：我們準備了中秋月餅、水果、茶、啤酒，咱們一邊吃月

- 18 -

餅，一邊賞月，怎麼樣？

丁力波：好啊！對了，我們還有一些小禮物要送給你們。

陸雨平：我們也要送給你們一些小禮物。

宋　華：我先來吧。力波，這是我給你的小紀念品，希望你喜歡。

丁力波：啊，是毛筆，文房四寶之一，② 還是名牌的呢！③ 這哪兒是
　　　　小紀念品？這是一件大禮物。我要把它放在我的桌子上，
　　　　每天都能看到它。

陸雨平：你不是喜歡中國書法嗎？用了名牌毛筆，你的字一定會
　　　　寫得更好。

王小雲：林娜，我給你帶來了一件小
　　　　禮物。你看看喜歡不喜歡。

【饋贈與稱讚】
Presenting and
appreciating a gift

林　娜：一條圍巾，是中國絲綢的！
　　　　太漂亮了！

丁力波：漂亮的林娜，戴上這條漂亮的圍巾，就更漂亮了。

林　娜：是嗎？我哪兒有你說的那麼漂亮？小雲，真謝謝你！
　　　　對我來說，這是最好的禮物。

陸雨平：我沒有更好的禮物送給大爲，我知道他喜歡中國音樂，
　　　　就送他一套音樂光盤。

馬大爲：你們看，我收到的禮物最好了，一套音樂光盤，是中國
　　　　民樂！謝謝。

陸雨平：不客氣，一點兒小意思。④

丁力波：該我們了吧？我們也有一些禮物送給你們，這是給宋華的。

宋　華：謝謝！

馬大爲：雨平，這是給你的。

陸雨平：非常感謝！

林　娜：小雲，看看我給你的禮物。

王小雲：謝謝你！

宋　華：大家都送完禮物了，我看，

　　　　咱們該吃月餅了！

陸雨平：祝大家中秋快樂！乾杯！

大　家：乾杯！

王小雲：快來看，月亮上來了。今天的月亮多美啊！

生詞 New Words

1.	禮輕情意重	IE	lǐ qīng qíngyì zhòng	The gift is trifling but the sentiment is profound.	
	輕	A	qīng	light	
	情意	N	qíngyì	affection	
2.	節日	N	jiérì	festival	過這個節日，重要的節日
3.	準備	V	zhǔnbèi	to prepare	準備禮物，準備西餐，準備考試，準備旅行
4.	月餅	N	yuèbing	moon cake	中秋月餅，準備月餅，切月餅，一個月餅，一塊月餅
	餅	N	bǐng	cake	
5.	水果	N	shuǐguǒ	fruit	便宜的水果，壞水果，一斤水果，一種水果，水果的種類
6.	啤酒	N	píjiǔ	beer	喝啤酒，兩瓶啤酒
7.	賞	V	shǎng	to admire; to enjoy	賞月，賞花，陪朋友賞花

8. 紀念品	N	jìniànpǐn	souvenir	送紀念品，買紀念品，小紀念品
紀念	V	jìniàn	to commemorate	
品	Suf	pǐn	article, product	
9. 希望	V/N	xīwàng	to hope / hope	希望你喜歡；有希望，希望很大
10. 毛筆	N	máobǐ	writing brush	用毛筆寫字，用毛筆畫畫兒
毛	N	máo	hair; feather; down	
11. 文房四寶	IE	wénfáng sìbǎo	the four treasures of the study	
寶	N	bǎo	treasure	
12. ⋯⋯之一		⋯⋯zhīyī	one of	文房四寶之一，有名的教授之一
13. 名牌	N	míngpái	famous brand	名牌毛筆，名牌衣服，名牌照相機
牌(子)	N	pái (zi)	brand	甚麼牌子，牌子很有名
14. 書法	N	shūfǎ	calligraphy	漢字書法，喜歡書法
15. 圍巾	N	wéijīn	scarf	絲綢圍巾，漂亮的圍巾，白圍巾，名牌圍巾，一條圍巾
圍	V	wéi	to enclose	
巾	N	jīn	a piece of cloth (a towel, scarf, kerchief, etc.)	
16. 戴	V	dài	to put on; to wear	戴圍巾
17. 那麼	Pr	nàme	so; like that	那麼漂亮，那麼熱鬧，那麼安靜，那麼乾淨
18. 收	V	shōu	to receive; to accept	收禮物，收信，收到明信片，收到他寄的書
19. 小意思	IE	xiǎoyìsi	just a small token	一點兒小意思
20. 乾杯	VO	gānbēi	to drink a toast; Cheers!	請大家乾杯
乾	A	gān	dry	

杯(子)	N	bēi (zi)	cup	
21. 月亮	N	yuèliang	moon	月亮上來了
22. 中秋節	PN	Zhōngqiū Jié	the Mid-Autumn Festival	過中秋節
23. 春節	PN	Chūn Jié	Spring Festival, Chinese New Year	春節快樂

（二）

馬大爲：我們第一次過中國的中秋節，又收到了那麼好的禮物，大家都很高興。不過，我有個問題想問問你。⑤

宋　華：甚麼問題？

馬大爲：我們收到禮物，就馬上把它打開，看看是甚麼。你們拿到禮物以後，只看看外邊，不打開，好像沒有我們那麼想知道裡邊是甚麼。這是爲甚麼？

宋　華：我先問你，收到禮物的時候，你們爲甚麼要馬上打開看呢？

馬大爲：我們把禮物打開看，稱讚禮物，表示感謝，這是尊重送禮物的人。當然，也希望自己能得到一種驚喜。你們的習慣我就不懂了，你們不喜歡別人給你們禮物嗎？

王小雲：當然不是。朋友送的禮物怎麼會不喜歡呢？我們收到朋友的禮物，一般不馬上打開看，這也是尊重送禮物的人。我們覺得送甚麼禮物不重要。人們常說"禮輕情意重"，重要的是友誼。

【反詰】
Asking in retort

馬大爲：是這樣！⑥ 說眞的，那天你們沒有打開，我們還有點兒擔心呢。

王小雲： 擔心甚麼？

馬大爲： 擔心你們不喜歡我們的禮物。

宋　華： 你說到哪兒去了。[7] 你們送的禮物都很好。比如說，丁力

波送的加拿大糖，不是很有特色嗎？我們都很喜歡。

丁力波： 你們都很喜歡，我太高興了。

【擔心】
Worrying about something

生詞　New Words

1. 不過	Conj	búguò	however; but
2. 稱讚	V	chēngzàn	to praise　稱讚禮物，稱讚林娜
3. 表示	V/N	biǎoshì	to show; to express /expression　表示喜歡，表示感興趣，表示放心；熱情的表示，正常的表示
4. 感謝	V	gǎnxiè	to thank　感謝朋友，感謝你的幫助，非常感謝，表示感謝
5. 尊重	V	zūnzhòng	to respect; to value　尊重老師，尊重送禮的人，尊重這兒的風俗，尊重他們的習慣，尊重他的看法，表示尊重
6. 得到	V	dédào	to get　得到禮物，得到紀念品，得到幫助，得到稱讚，得到尊重
7. 驚喜	N	jīngxǐ	pleasant surprise　得到驚喜，給他一個驚喜

驚	V	jīng	surprise
喜	V	xǐ	happy; delighted
8. 別人	Pr	biéren	other people 告訴別人，感謝別人，尊重別人，別人的幫助，別人的禮物
9. 一般	A	yìbān	general, ordinary 一般的問題，一般的看法，一般的小說，一般的演員，一般的朋友，一般覺得……，一般喜歡……
10. 重要	A	zhòngyào	important 重要的場所，重要的發現，重要的特點，重要的看法，重要的生詞
11. 友誼	N	yǒuyì	friendship 重要的是友誼，我們的友誼
12. 擔心	V	dānxīn	to worry 擔心甚麼，擔心天氣，擔心太鬧，擔心你們不喜歡，有點兒擔心
13. 糖	N	táng	sweets; candy 糖塊，白糖，紅糖，放不放糖，放一點兒糖
14. 特色	N	tèsè	characteristic; distinguishing feature （沒）有特色，南方特色，農村特色，中國特色

補充生詞 Supplementary Words

1. 嫦娥奔月	IE	Cháng'é bèn yuè	Chang'e flying to the moon
嫦娥	PN	Cháng'é	Goddess of the Moon
2. 唐朝	N	Tángcháo	Tang Dynasty
3. 古代	N	gǔdài	ancient times
4. 神話	N	shénhuà	myth
5. 月宮	N	yuègōng	the Lunar Palace
6. 仙女	N	xiānnǚ	fairy, female immortal

7. 原來	N	yuánlái	formerly; originally
8. 人間	N	rénjiān	the human world
9. 聞	V	wén	to smell
10. 皇宮	N	huánggōng	palace
11. 醒	V	xǐng	to wake up
12. 團聚	V	tuánjù	to reunite; to gather together
13. 唐明皇	PN	Táng Mínghuáng	Emperor Tangminghuang (an emperor of the Tang Dynasty)

二、注釋　　　Notes

① 今天是中秋節。

"Today is the Mid-Autumn Festival."

See the introduction to the Mid-Autumn Festival and the Spring Festival on the "Cultural Notes" for Lesson 20.

② 啊,是毛筆,文房四寶之一。

"Ah, it's a writing brush, one of the four treasures of the study."

"文房" is a study. In ancient times, people regarded the writing brush, ink, paper, and inkstone as the four treasures of the study.

"之" in "之一" is a structural particle derived from the classical Chinese. Its usage is similar to "的" in modern Chinese. For example, 有名的畫家之一,中國名牌之一,學習最好的學生之一,要回答的問題之一.

③ 還是名牌的呢!

"It's even a brand name product!"

The adverb, "還" (4) is used to indicate "something unexpected". It also means "even". When used with "呢", it adds a slightly surprised and exaggerated tone to the sentence.

For example,

他的小女兒還會唱越劇呢!

月餅上還有畫兒呢!

④ 不客氣,一點兒小意思。

"You are welcome. This is just a small gift."

"小意思" means "small token of affection." This is a polite phrase one uses when presenting a gift to someone.

⑤ 不過,我有個問題想問問你。

"However, I have a question for you."

"不過" is a conjunction that expresses a turn in a conversation and connects the clauses. It is often used to supplement or modify the previous passage. A comma placed after it allows for a pause in the dialogue. "不過" suggests a milder transition in tone than "但是" or "可是", and is mostly used in the spoken language. For example,

昨天大家都玩兒得很好。不過,我有個問題想問問你。

好像要下大雨,不過不會馬上下。

他很喜歡玩兒,不過,學習還可以。

⑥ 是這樣!

"So that's what happened! "

"是這樣", spoken with emphasis on "這樣", shows the realization of the occurrence something. For example,

A:林娜怎麼會被撞傷呢?

B:林娜騎自行車往右拐的時候沒有注意,撞到了停在路邊的車上。

A:是這樣!

⑦ 你說到哪兒去了。

"What are you saying?"

This is used to politely refute someone's point of view. For example,

A：昨天我沒有來，你們不會不高興吧？

B：你說到哪兒去了。我們知道你很忙。

三、練習與運用　　Drills and Practices

重點句式　KEY SENTENCES

1. 中秋節有春節那麼熱鬧嗎？
2. 中秋節沒有春節熱鬧。
3. 我們有一些禮物送給你們。
4. 這哪兒是小紀念品？
5. 加拿大糖不是很有特色嗎？
6. 朋友送的禮物怎麼會不喜歡呢？
7. 林娜戴上這條漂亮的圍巾就更漂亮了。
8. 我們收到禮物，就馬上把它打開。
9. 是毛筆，文房四寶之一，還是名牌的呢！

1. 熟讀下列短語　Master the following phrases

(1) 沒有他弟弟高　　沒有那輛車漂亮　　沒有那個樂曲感人

　　沒有我們辛苦　　沒有那套西服貴　　沒有現在的教練有名

　　沒有這兒乾淨　　沒有這個小夥子帥　　沒有他們小區方便

　　沒有她那麼倒霉　　沒有他那麼愛聊天　　沒有他們那麼高興

　　沒有他那麼擔心　　有沒有北京這麼冷　　有沒有這套房子大

(2) 沒有我們來得早　　沒有林娜穿得漂亮　　沒有他們準備得好

　　沒有我罰款罰得多　　沒有司機開車開得好　　沒有他看書看得多

(3) 戴上圍巾　穿上旗袍　帶上借書證　拿上照相機

　　填上職業　畫上花兒　包上紅紙　　寫上他的名字

(4) 打開書　　打開電視　　打開紅葡萄酒　　打開包裹　　開開門

切開蛋糕　　切開月餅　　切開水果　　　　拿開詞典　　搬開牀

(5) 有東西吃　　有衣服穿　　有事情做　　　　有紀念品送給你們

有一個問題問老師　　有報看　　　　沒有房子住

沒有啤酒喝　　　　　　沒有自行車騎　　沒有西餐吃

(6) 有名的醫生之一　　　很好的同學之一　　　主要的大學之一

參加比賽的學生之一　　要回答的問題之一　　喜歡看的小說之一

感興趣的問題之一

2. 句型替換　Pattern drills

(1) 那種筆有這種筆好嗎？

那種筆有這種筆好。

他妹妹	他弟弟	高
他買的車	那輛車	漂亮
他租的房子	這套房子	大
那兒的冬天	北京這麼	冷

(2) 中秋節有沒有春節那麼熱鬧？

中秋節沒有春節那麼熱鬧。

這套西服	那套西服	貴
那個樂曲	這個樂曲	感人
你們這兒	他們小區	方便
以前的教練	現在的教練	有名

(3) 我不知道怎麼用毛筆寫字。

你不是學過中國書法嗎？

老茶館怎麼樣	覺得那兒太鬧
兵馬俑有多大	去過西安
怎麼介紹中國畫	畫過很多中國畫
那位小姐是誰	去年見過她一次

(4) 我擔心你們不喜歡我們的禮物。

朋友送的禮物,怎麼會不喜歡呢？

不來參加這個聚會	你們請我們來	不參加
不習慣這兒的生活	我們已經"中國化"了	不習慣
忘了出發的時間	昨天剛剛告訴我們	忘了
覺得那兒沒有意思	這麼好的展覽	覺得沒意思

(5) 你現在忙不忙?

很忙。我有很多<u>練習要做</u>。

語法	復習
課文	翻譯
文章	寫
事兒	做
考試	準備

(6) 他<u>戴</u>上那條真絲圍巾了沒有?

沒有,<u>今天不冷</u>。

穿	那套新西服	今天不用穿得很正式
帶	借書證	他不去圖書館
拿	照相機	那兒不能拍照
寫	他的名字	他說要想一想

(7) 他們讓你做甚麼?

讓我把<u>禮物打開</u>。

書	打
包裹	打開
門	切
月餅	搬
桌子	

(8) 你知道<u>毛筆</u>嗎?

知道。毛筆是<u>文房四寶之一</u>。

中秋節	中國的幾個重要節日
齊白石	中國有名的畫家
"美大"	中國名牌
華山	中國有名的大山
《紅樓夢》	中國有名的古典小說
《春江花月夜》	中國有名的古典樂曲

3. 課堂活動 Classroom activities

(1) One student makes up a sentence, and another student changes its meaning slightly by using "不過" to give another sentence. For example,

A：我明天不去借書了。

B：不過我還得去圖書館查查新課本。

(2) One student makes up a sentence, and another student supplements it with another sentence containing the "還……呢" construction expressing surprise and exaggeration. For example,

A：他在北京一年就學了很多東西。

B：他還會打太極拳呢!

4. 會話練習 Conversation exercises

> IDIOMATIC EXPRESSIONS IN CONVERSATION
>
> 是這樣 (That's what happened/that's how it is.)
>
> 當然不是 (Of course not.)
>
> 這是爲甚麼 (Why is this/that?)
>
> 你説到哪兒去了 (What are you saying?)

[比較 Comparing]

(1) A：我知道那種電腦是名牌的，這種電腦有那種好嗎?

　　B：説實在的，這種電腦不一定沒有那種好，而且還比那種便宜幾百塊錢。

　　A：是這樣! 不過我喜歡名牌。我覺得買名牌的好。

(2) A：我想做一件旗袍，要做眞絲的。

　　B：好，我給你量一量 (liáng, to measure)。

　　A：這件旗袍不是給我做的，是給我姐姐做的。

　　B：你姐姐有沒有你這麼高?

　　A：她沒有我高，她比我矮 (ǎi, short) 兩公分。我的衣服她也能穿。

　　B：好了　一個星期以後來取，請到那邊交錢。

[饋贈與稱讚 Presenting and appreciating a gift]

(1) A：這是我給你的小紀念品，希望你喜歡。

B：是中國音樂光盤，太感謝你了。對我來説，這是最好的禮物。

A：哪裡，一點兒小意思。禮輕情意重。

(2) A：我給你帶來了一件小禮物。

B：中國茶，太好了，我最愛喝中國綠茶。真謝謝你。

A：不客氣。你喜歡我就很高興。

(3) A：我這次從上海回來，沒有帶甚麼好東西。這是給你的，不知道你喜歡不喜歡。

B：上海襯衫，還是名牌的呢。你太客氣了，讓你破費（pòfèi, to spend money），真不好意思。

A：你説到哪兒去了。這是很一般的。

[反詰 Asking in retort]

(1) A：我明天不去聽音樂會了。

B：你昨天不是説要跟我們一起去嗎？票已經買好了，爲甚麼又不去了？

(2) A：我覺得天氣越來越熱了。

B：今天氣溫只有26度，哪兒熱啊？

(3) A：昨天晚上你怎麼不跟他們一起過中秋節？

B：我不知道這事兒。

C：你怎麼會不知道呢？是王小雲在圖書館告訴咱們的。

[擔心 Worrying about something]

A：他昨天沒有來,我們真有點兒擔心了。

B：擔心甚麼？

A：我擔心他病了。

5. 看圖説話 Describe the following pictures

(跟……一樣, 比……, 沒有…… , 有……, 更……, 最……)

6. 交際練習 Communication practice

(1) Your Chinese friend gives you a gift. What should you say?

(2) You are going to give your Chinese friend a gift. What should you say?

(3) One culture emphasizes the value of a gift by praising it to show that it is greatly appreciated. Another culture emphasizes the kindness of the gift-giver by expressing the receiver's feelings that the gift is too much for him. Discuss the similarities and differences between these two practices.

After you speak, write down what you have said.

四、閱讀和復述　Reading Comprehension and Paraphrasing

嫦娥奔月

中秋節賞月是從唐朝開始的。

在中國古代神話中，月亮上有一個月宮,那兒有一位很美的仙女,她的名字叫嫦娥。嫦娥原來是人間的女子, 她丈夫得到一種特別的藥,交給了她。一天,嫦娥聞了聞這個藥,她覺得自己身體變輕了,飛起來了。她飛得越來越高,越來越快,最後,就飛到月亮上去了。嫦娥成了月宮裡的仙女。

傳說在一個八月十五的晚上,唐明皇做了一

個夢,他來到了月宮。他覺得他的皇宮沒有月宮這麼安靜,這麼高大。他在月宮裡見到了嫦娥。漂亮的嫦娥穿着白色的衣服,非常熱情地請唐明皇喝酒,還給他唱歌跳舞。唐明皇以前沒有聽過這麼好的歌,也沒有看過這麼美的舞。唐明皇醒了以後,就把這個夢寫成了一首有名的樂曲。從這以後,每年的八月十五,唐明皇都要在皇宮里舉辦賞月的音樂會,演奏他寫的這個樂曲。後來,中秋節就成了中國的一個節日。這一天,一家人要團聚在一起,一邊吃月餅,一邊賞月。那天人們看月亮的時候,好像還能看到嫦娥住的月宮呢!

五、語法　　Grammar

1. 用動詞 "有/沒有" 表示比較　Using the verb "有/沒有" to express comparisons

The construction "X + 有/沒有 + Y + A" is used to indicate whether the quality or characteristic of something ("X") is on the same level as another thing ("Y"). This type of comparison uses the second object as the criterion. The quality or characteristic being compared is often expressed with an adjectives.

$$S + \text{"有/沒有"} + NP(+這麼/那麼) + A$$

Subject	Predicate					
	Adv	"有/沒有"	NP	(這麼/那麼)	A	Pt
中秋節		有	春節	那麼	熱鬧	嗎?
中秋節		沒有	春節	那麼	熱鬧。	
那種筆		沒有	這種筆		好。	
我		沒有	你説的	那麼	漂亮。	
妹妹		有沒有	姐姐	這麼	高?	
妹妹	已經	有	姐姐	這麼	高	了。

The quality or characteristic of the comparison can also be expressed with a verb phrase.

Subject	Predicate			
	"有/沒有"	NP	(這麼/那麼)	VP
他	有沒有	你	那麼	喜歡書法?
他	沒有	我	那麼	喜歡書法。
我	沒有	你		跑得快。
我們	沒有	你們		用刀叉用得好。
你們	沒有	我們	那麼	想知道裡邊是甚麼。

Note: The negative form of the comparative sentence with the structure of "有/沒有" ("X + 沒有 + Y + A/VP") is most commonly used, and it is often found in declarative sentences. Its affirmative form "X + 有 + Y + A/VP" is less frequently used, and it is often found in interrogative sentences and the answers to questions.

2. 反問句(1) The rhetorical question (1)

Some interrogative sentences are not used to ask real questions, but rather to emphasize certain obvious reasons or facts.

A. The construction "不是…嗎?" is used to emphasize an affirmation. For example,

大為不是美國人嗎? (是美國人)

你不是喜歡中國書法嗎? (喜歡中國書法)

加拿大糖不是很有特色嗎? (很有特色)

你不是參觀過美術館嗎? (參觀過美術館)

B. Interrogative pronouns are used to emphasize an affirmation or a negation. For example,

這哪兒是小紀念品? (這不是小紀念品)

我哪兒有你說的那麼漂亮? (我沒有你說的那麼漂亮)

朋友送的禮物怎麼會不喜歡呢? (朋友送的禮物當然喜歡)

3. 連動句(3) Sentences containing a series of verbs (3)

In the sentences containing a series of verbs, if the first verb is "有/沒有", then its object is also the receiver of the action described by the second verb. The second verb does not have a direct object.

$$S +\text{“有/沒有”}+ O + V_2$$

Subject	Predicate			
	Adv	**“有/沒有”**	**O**	**V₂**
他 學生們 我們 我 我	現在 星期天	沒有 有 有 沒有 有	書 很多練習 一些小禮物 更好的禮物 一個問題	看。 要做。 要送給你們。 送給大爲。 想問問。

4. 結果補語“上、開” “上” and “開” as the resultative complements

The verb “上”can be used as a resultative complement to indicate that separate things have been joined together, or that one thing is attached to another. For example, “關上門, 戴上圍巾, 寫上名字, 帶上護照”.

The verb “開” can be used as a resultative complement to indicate that integrated or joined things have been separated. For example, “打開禮物, 打開書, 切開蘋果, 搬開桌子”.

六、字與詞　Chinese Characters and Words

構詞法 （2）：偏正式　Word formation methods （2）：Modifier - modified compound words

In such a structure the first word modifies or restricts the latter word, e.g. 月+餅→月餅. Other examples,

茶館　愛情　蛋糕　西餐　中餐　汽車　火車　毛筆　電腦　電視　廚房　花園

劇院　客廳　禮物　商店　小孩　農民　工人　醫生　醫院　陽臺　圍巾　名牌

以前　春天　今年　羊肉　蔬菜　外國　名片　油畫　音樂　漢語　生詞　郵費

"Modesty" is always regarded as a worthy trait in the Chinese culture. Professor Zhang says that his calligraphy is "just so so". He also asks his young students to make suggestions for his newly published book. Can you guess why?

第二十九課 Lesson 29

請多提意見

 一、課文　　Texts

（一）

張教授：你們來了！歡迎，歡迎！快請進。

林　娜：張教授，這是給您的花兒。

張教授：謝謝。你們太客氣了。請坐，喝點兒甚麼？

林　娜：喝茶吧。您的書房很有特色：牆上掛着中國字畫，書架上放着這麼多古書，桌上放着文房四寶，外邊還整整齊齊地擺着這麼多花兒，還有盆景呢。這些花兒真漂亮，都是您種的嗎？

【描述事物】
Describing things

張教授：不，都是買的。不過它們在我這兒長得越來越好，現在也開花了。

丁力波：這叫君子蘭吧？長長的綠葉，紅紅的花，真好看。

張教授：是叫君子蘭。① 這種花很好養，② 開花的時間也比較長。

林　娜：養花真有意思。我明天下了課就去買盆花，③ 擺在宿舍裡。我也有花兒養了。

馬大爲：養花是有意思，可是你能養好嗎？

林　娜：當然能養好！我看，養花沒有學漢語那麼難吧。

【強調肯定】
Emphasizing an affirmation

張教授：養花是不太難。不過，要把花養好，那就不容易了。人們常說"姑娘愛花"，林娜喜歡養花，我想她一定能養好。

林　娜：謝謝，張教授，我也是這樣想的。

丁力波：這些盆景都是您自己的作品吧？

張教授：是的。工作累的時候，我就到外邊去澆澆花，把這些盆景修整修整。這是很好的休息。

丁力波：盆景是一種藝術，聽說，種盆景很不容易。張教授，您還真是一位園藝師呢！

張教授：我哪兒是園藝師？這只是一點兒愛好。

生詞 New Words

1.	意見	N	yìjiàn	idea, suggestion	提意見，請多提意見，有意見，好意見
2.	歡迎	V	huānyíng	to welcome	歡迎你們，歡迎參觀，歡迎多提意見
3.	書房	N	shūfáng	study	
4.	牆	N	qiáng	wall	牆上
5.	掛	V	guà	to hang	掛照片，掛畫兒，掛在牆上，牆上掛着
6.	字畫	N	zìhuà	calligraphy and painting	有名的字畫，牆上掛着字畫，一幅字畫
	字	N	zì	character; handwriting	張教授的字，我的字，這幅字
7.	書架	N	shūjià	bookshelf	放在書架上，書架上放着書
8.	古書	N	gǔshū	ancient book	書架上有很多古書，書架上放着古書
	古	A	gǔ	ancient	古人，古時候
9.	整齊	A	zhěngqí	neat; tidy	整齊的書架，衣服放得很整齊，站得很整齊，整整齊齊
10.	地	Pt	de	(used to form an adverbial adjunct)	整整齊齊地放着，高高興興地聊天，很好地復習，更多地練習
11.	擺	V	bǎi	to put; to place	擺在桌上，擺在外邊，擺在宿舍裡，擺着花兒，整整齊齊地擺着
12.	盆景	N	pénjǐng	miniature trees and rockery, bonsai	中國盆景，擺着盆景，種盆景
	盆	N	pén	pot	一盆花兒

13. 好看	A	hǎokàn	pleasant to look; good-looking	真好看，好看的花兒，好看的姑娘，好看的小說，好看的電影
14. 長	V	zhǎng	to grow	花兒長得很好，蔬菜長得很快，小狗長得很大，小孩長得很高
15. 開花	VO	kāihuā	to bloom	現在開花了，讓它常開花
16. 君子蘭	N	jūnzǐlán	kaffir lily	君子蘭開花
17. 葉(子)	N	yè (zi)	leaf	君子蘭的葉子，綠葉
18. 養	V	yǎng	to grow, to raise	養花，養狗，養鴨，養羊，養大，養好，不好養的花兒
19. 比較	Adv/V	bǐjiào	comparatively; quite / to compare	比較長，比較重，比較熱鬧，比較乾淨，比較整齊，比較好看，比較好養，比較一下，和他比較
20. 人們	N	rénmen	people	人們常說
21. 作品	N	zuòpǐn	work of literature or art	文學作品，美術作品，盆景作品，書法作品，重要作品，一般作品，主要作品，感人的作品，自己的作品
22. 澆	V	jiāo	to water	澆花兒，澆水
23. 修整	V	xiūzhěng	to prune, to trim	修整盆景
24. 藝術	N	yìshù	art	盆景藝術，書法藝術，藝術作品，愛好藝術
25. 園藝師	N	yuányìshī	horticulturist	當園藝師，成了園藝師
園藝	N	yuányì	gardening	喜歡園藝，愛好園藝
師	Suf	shī	person skillful at a certain profession; expert; master	醫師，工程師

丁力波：張教授，我很喜歡中國書法，也跟老師學過，可是進步不快。我不知道該怎麼辦？

張教授：學習書法要多看、多練。人們常說，如果你每天都認認真真地練，不用一百天，就能把漢字寫得很漂亮。當然，要把漢字寫成書法藝術作品，還要更多地練習。

丁力波：張教授，我想請您給我寫一幅字，不知道行不行？

張教授：我的字很一般，你應該多看書法家的字。

丁力波：我知道您的書法很有名。這幅字能給我嗎？

張教授：這幅字被我寫壞了。我今天剛寫了一幅，你看上邊寫着甚麼？

丁力波："弟子不必不如師，師不必賢於弟子"。④張教授，請問，這個句子是甚麼意思？

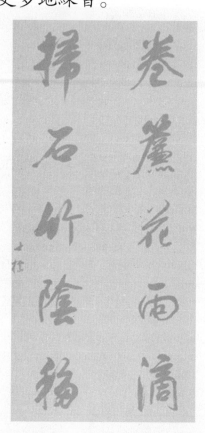

張教授：這是唐代一位文學家說過的話，意思是，學生不一定不如老師，老師也不一定比學生高明。老師和學生應該互相學習。

丁力波：謝謝您，張教授。這幅字很有意思，我要把它掛在我宿舍的牆上。

張教授：對了，這是我剛寫的一本書，送給你們，每人一本。

我已經把你們的名字寫上了，請多提意見。⑤

馬大爲：是《漢字書法藝術》，謝謝您。

張教授，您太謙虛了。您是老師，
我們才學了這麼一點兒中文，怎
麼能提出意見呢？

張教授：那位唐代文學家是怎麼說的？"弟子不必不如師，師
不必賢於弟子"。

【表示謙虛】
Expressing modesty

生詞 New Words

1. 練	V	liàn	to practise　練字，練書法，練太極拳，練京劇，練漢語，練中國畫，多練，認認真真地練
2. 書法家	N	shūfǎjiā	calligrapher
家	Suf	jiā	specialist in a certain field　藝術家，美術家，音樂家，畫家，小說家
3. 弟子不必不如師	IE	dìzǐ búbì bùrú shī	Disciples are not necessarily inferior to teachers.
弟子	N	dìzǐ	disciple, follower
不必	Adv	búbì	not necessarily
4. 師不必賢於弟子	IE	shī búbì xián yú dìzǐ	Teachers are not necessarily more capalde than disciples.
賢	A	xián	virtuous, able
5. 句子	N	jùzi	sentence　一個句子，漢語句子
句	M	jù	sentence　兩句話

6. 意思	N	yìsi	meaning, idea	這個句子的意思，生詞的意思，課文的意思，文章的意思，我的意思，有意思	
7. 不如	V	bùrú	to be not as good as; to be inferior to	我不如他，學生不一定不如老師	
8. 高明	A	gāomíng	brilliant, wise	高明的老師，高明的畫家，高明的記者	
9. 文學家	N	wénxuéjiā	writer	高明的文學家	
10. 互相	Adv	hùxiāng	mutually; one another	互相學習，互相幫助，互相介紹，互相祝賀，互相比較	
11. 謙虛	A	qiānxū	modest	謙虛的人，太謙虛了，謙虛地說	
12. 唐代	PN	Tángdài	Tang Dynasty	唐代文學家，唐代畫家	

補充生詞 Supplementary Words

1. 樂趣	N	lèqù	pleasure
2. 難過	V/A	nánguò	to feel bad / sad; upset
3. 院子	N	yuànzi	courtyard
4. 照顧	V	zhàogù	to look after
5. 關心	V	guānxīn	to care for
6. 美化	V	měihuà	to beautify
7. 心靈	N	xīnlíng	soul
8. 老舍	PN	Lǎo Shě	Lao She (a Chinese modern writer)

二、注釋　　Notes

① 是叫君子蘭。

"It is indeed called kaffir lily."

When "是" is used in front of a verbal predicate, adjectival predicate, or predicate of subject - predicate phrase, it means "indeed". It emphasizes and confirms the previous sentence and should be stressed. For example,

A：養花眞有意思。

B：養花是有意思。

A：養花沒有學漢語那麼難吧?

B：養花是不太難。

A：聽説他學習很努力。

B：他是學習很努力。

② 這種花很好養。

"This kind of flower is easy to grow."

The structure "好+V" expresses the meaning of "it is easy to do something". Here, "好" means "easy". The negative form of this structure is "不好+V". For example,

這篇文章好懂。

太極拳好學。

今天的練習不好做。

③ 我明天下了課就去買盆花。

"I'll buy a pot of flower right after class tomorrow."

The adverb "就"(4) often connets two verbs or verbal phrases (with the particle "了" usually added to the first one) and suggests that the second action takes place as soon as the first one is completed. For example,

他吃了飯就來了。

他們到了醫院就給他打電話。

④ 弟子不必不如師,師不必賢於弟子。

"Disciples are not necessarily inferior to teachers, while teachers are not necessarily more capable than disciples."

This is a quotation from the essay "On Teachers" (《師說》) by Han Yu (韓愈, 768—824), a famous writer of the Tang Dynasty.

⑤ 我已經把你們的名字寫上了,請多提意見。

"I have already written your names on the books. Please make some comments and suggestions."

When Chinese authors or artists present their books or other works as gifts to others, in addition to signing the title page,they will also write the recipient's name and a request for comments and suggestions. For example, "馬大爲先生指正"(指正,zhǐzhèng, to make comments and suggestions) means "To Mr. Ma Dawei. Please make comments and suggestions."

三、練習與運用　　Drills and Practices

重點句式　KEY SENTENCES

1. 牆上掛着中國字畫。
2. 外邊還整整齊齊地擺着這麼多花兒。
3. 你還要更多地練習。
4. 工作累的時候他就把這些盆景修整修整。
5. 紅紅的花兒,真好看。
6. 這種花很好養。
7. 養花是不太難。
8. 我哪兒是園藝師? 這只是一點兒愛好。

1. 熟讀下列短語 Master the following phrases

(1) 好養　好做　好學　好查　好找　好辦　好寫　好用　好騎　好搬
　　不好復習　　不好翻譯　　不好管理　　不好修整　　不好準備

(2) 掛着很多圖片　　　　住着兩個留學生　　　擺着一大盤糖
　　戴着那條圍巾　　　　站着一位服務員　　　寫着他的名字
　　停着一輛汽車　　　　坐着一位書法家　　　放着一套西服
　　躺着一個小孩　　　　穿着新的中式衣服

(3) 大大的嘴　　　　　低低的聲音　　　　高高的大樓　　　遠遠的山
　　漂漂亮亮的客廳　　乾乾淨淨的書房　　舒舒服服的臥室

(4) 慢慢地走　　　　　輕輕地放　　　　早早地出發　　　遠遠地看
　　不高興地説　　　　非常客氣地問　　更多地練習　　　很好地休息
　　整整齊齊地排隊　　高高興興地唱歌　　安安靜靜地看書
　　熱熱鬧鬧地過春節　辛辛苦苦地工作　　認認真真地鍛煉

(5) 把這些刀叉洗洗　　　　把禮物包一包　　　　把這些漢字寫一寫
　　把宿舍打掃打掃　　　　把這些盆景修整修整
　　把學過的課文復習復習　把你做的練習檢查檢查

2. 句型替換 Pattern drills

(1) 牆上掛着中國字畫沒有？
　　牆上掛着中國字畫。

本子上	寫	他的名字
陽臺上	放	很多盆花兒
桌子上	擺	一大盤糖
牀旁邊	放	一束花兒
咖啡館前邊	停	一輛汽車

(2) 這個樓裡人多嗎？
　　這個樓裡住着二十個足球隊員。

客廳	坐	四位畫家
這輛公共汽車	站	很多乘客
那個房間	住	兩個留學生
那個銀行	排	很長的隊

(3) 他每天都練書法嗎？

他每天都認認真真地練書法。

姑娘們	唱歌	高高興興
小孩們	上課	安安靜靜
隊員們	排隊	整整齊齊
服務員	打掃房間	辛辛苦苦

(4) 這個地方怎麼樣？

有紅紅的花兒，真好看。

小區	有高高的大樓	很漂亮
公園	能看到遠遠的山	景色真美
咖啡館	有輕輕的音樂	很安靜
教授的家	有乾乾淨淨的書房	很有特色

(5) 應該把這些花兒澆一澆，對嗎？

對，我也是這樣想的。咱們開始吧。

這些刀叉	洗
這個禮物	包
這些漢字	寫
宿舍	掃

(6) 昨天她下了課做甚麼了？

昨天她下了課就去買花了。

換	錢	王府井買衣服
化	妝	聽音樂會
參觀	博物館	訪問張教授
澆	花	修整盆景

(7) 這種花兒好養嗎？

這種花兒很好養。

這個菜	做	很好
這家醫院	找	很好
漢字書法	學	不好
廣州話	懂	不好

3. 課堂活動 Classroom activity

One student makes up a sentence. Another uses "是" to emphasize and confirm this statement, and then uses "不過" to supplement it. For example,

A：外國人學漢字書法不容易。

B：外國人學漢字書法是不容易。不過，我看過很多留學生寫的漢字不比中國學生寫的差。

4. 會話練習 Conversation exercises

IDIOMATIC EXPRESSIONS IN CONVERSATION

人們常說 (People often say...)

我也是這樣想的 (I think so, too.)

不知道行不行 (I do not know if it will be all right.)

你看怎麼樣? (What do you think?)

[描述事物 Describing things]

(1) A：你去過陳老師家嗎?

　　 B：去過。她家客廳真大，也很漂亮。

　　 A：客廳裡有甚麼?

　　 B：西邊牆上掛着一幅油畫，下邊放着電視機 (diànshìjī, TV set)。
　　　 旁邊的櫃子 (guìzi, cupboard) 裡擺着很多外國的紀念品。東邊
　　　 放着大沙發 (shāfā, sofa)，沙發旁邊還放着一盆君子蘭。

(2) A：昨天晚上你看學校的時裝 (shízhuāng, fashion) 表演了嗎?

　　 B：我看了，你覺得誰的表演最好?

　　 A：我覺得林娜的表演很有特色。她身上穿着黑、白兩種顏色的旗
　　　 袍，戴着白的絲綢圍巾，手里拿着黑的皮包 (píbāo, leather
　　　 handbag)，非常漂亮。她在臺上走得也很優美。

　　 B：林娜妝也化得很好看，大大的眼睛 (yǎnjing, eyes)，高高的鼻
　　　 子 (bízi, nose)，大大的嘴。我看她有希望贏。

[強調肯定 Emphasizing an affirmation]

　　 A：今年的花兒沒有去年開得好。

　　 B：今年的花兒是沒有去年開得好。可能你澆水澆多了。

　　 A：我是澆得多了點兒。可是君子蘭開花不是開得很好嗎?

[表示謙虛 Expressing modesty]

(1) A：我想問您一個書法的問題。

B：我對書法也瞭解得不多，咱們一起討論（tǎolùn, to discuss）討論吧。

......

B：我的這些看法不一定都對，只能給你做參考（cānkǎo, for reference）。

A：您太謙虛了。您說得真好，對我有很大幫助。我看過您的很多書法作品，您真是一位書法家。

B：我哪兒是書法家，這只是一點兒愛好。

(2) A：我看了您寫的書，我覺得非常好，我學到了很多東西。

B：哪裡。那是我三年以前寫的，很多看法不一定對。請多提意見。

5. 看圖說話 Describe the picture

(掛着，擺着，放着)

6. 交際練習 Communication practice

(1) Do you agree with the idea that "disciples are not necessarily inferior to teachers, while teachers are not necessarily more capable than disciples"? Why or why not?

(2) How do you respond to other people's praise?

After you speak, write down what you have said.

老舍養花

　　我愛花，所以也愛養花。可是，我還不是園藝師，因爲沒有時間去提高養花技術。我只把養花看成生活中的一種樂趣。我養的花雖然不少，但是沒有太名貴的花。我養的花開花了，我就高興。名貴的花不好養，如果你看着一盆名貴的花得病了，心裏是會很難過的。所以我的小院子裏整整齊齊地擺着那麼多花，都是些好養的。當然，我還得天天照顧它們，像好朋友一樣地關心它們，瞭解它們的生活情況。不這樣，它們還是會死的。有它們的幫助，我也知道該怎麼養花了。現在，我的小院子裏，花兒越來越多，眞讓人高興。

　　我身體不太好。花兒得到我的照顧，它們感謝不感謝我，我不知道。不過，我得感謝它們。我工作累的時候，就到院子裏去看看它們，給它們澆澆水，把那些盆景修整修整，然後再工作。我每天都要這樣做，這是很好的休息，對身體很有好處。我覺得這比吃藥還好。

　　開花了，朋友們來看我，我們一起去小院子裏賞花兒，看着那些綠綠的葉子，紅紅的花兒，他們都稱讚我養的花長得好！我心裏特別高興。我常把自己養的花當作禮物送給朋友，他們都很喜歡，還說，養花不但能美化生活，而且能美化人的心靈。聽了朋友們的話，我更覺得養花是一件很有樂趣的事兒。

五、語法　Grammar

1. 存現句(2)　Sentences indicating existence or emergence (2)

　　One kind of sentence that indicates the existence and location (of a person or a thing) was introduced in Lesson 21. Here is another kind of the sentence. Its subject is a noun or phrase of location; its predicate is "V+着"; and its object is the person or the thing that exists.

Its negative form is "沒有+V+着", while its affirmative-negative form is "V+着+沒有".

$$S (PW) + V + 着 + Num-MP + O (\text{persons or things that exist})$$

Subject (PW)	Predicate			
	V	"着"	Num-MP	O (persons or things that exist)
牆上	掛	着		中國字畫沒有?
外邊	擺	着	兩盆	花。
桌子上	沒(有)放	着		電腦。
房間里	站	着	一位	服務員。
客廳里	坐	着	很多	書法家。

Notes: (1) The prepositions such as "在" and "從" are not placed in front of the subject.

(2) The adverbs "在" and "正在" cannot be placed in front of the verbs, so one cannot say: ⊗"牆上正在掛着中國字畫".

(3) The object usually takes a numeral-measure phrase or another phrase as its attributive.

2. 形容詞重叠 The reduplication of adjectives

The adjectives describing characteristics or qualities can usually be reduplicated. The reduplicative form for monosyllabic words is "AA". For example, 紅紅, 綠綠 and 長長. The reduplicative form for disyllabic words is "AABB". For example, 整整齊齊, 乾乾淨淨 and 漂漂亮亮. The reduplicated adjectives indicate a higher degree of a certain quality than their non-reduplicative counterparts. They are often used to describe things, frequently suggesting fondness or praise. For example, 紅紅的花 and 長長的綠葉

3. 結構助詞"地" The structural particle "地"

When a reduplicated adjective or an adjectival phrase functions as an adverbial modifier, the structural particle "地" is usually added. For example,

這裡邊是盤子，請你輕輕地放。

書架上整整齊齊地擺着很多古書。

多看電視就能更快地提高漢語水平。

4. "把"字句(4) The "把" sentence (4)

The reduplicated verb can also be used in the sentences with "把". In this kind of "把" sentence, the reduplicated verb isn't necessarily followed by other elements. For example,

$$S + "把" + O_把 + VV$$

Subject	Predicate		
	"把"	O_把	VV
你	把 請把	這些盆景 那些水果	修整修整吧。 洗一洗。

六、字與詞 Chinese Characters and Words

構詞法 (3)：補充式 Word formation methods (3)：Verb‑complement compound words

This kind of compound word is composed of a verb and a complement, e.g. "提+高" → "提高". The second character complements the first one. For example, "打開, 得到, 記得, 站住".

After dinner, Ding Libo, Ma Dawei and Song Hua take a walk on the street of a residential area in Beijing. They find that Beijing residents have their own special recreational activities...

第三十課 Lesson 30

他們是練太極劍的

一、課文　　Texts

丁力波：現在八點半了，街上還這麼熱鬧！

宋　華：這兒的人吃完晚飯都喜歡出來活動活動。你看，人們又

唱又跳，玩兒得真高興。

馬大爲：那兒來了很多人，一邊跳舞，一邊還敲鑼打鼓。他們在

跳甚麼舞？

宋　華：他們在扭秧歌呢。

馬大爲：扭秧歌？我聽説過。

宋　華：這是中國北方的一種民間舞蹈，叫做秧歌舞。秧歌舞的

動作又簡單又好看，小孩兒、大姑娘、小夥子、老人都可以跳。對老人來説，現在扭秧歌已經是一種鍛煉身體的活動了。他們很喜歡扭，常常扭得全身出汗。

馬大爲：我看，這種舞很好跳，我也能很快地學會。我跟他們一起扭，可以嗎？

宋　華：當然可以。

馬大爲：不行，我還得先把動作練一練，要不，大家就都看我一個人扭了。① 前邊又走過來了不少老人，他們手里都拿着甚麽？

宋　華：他們是練太極劍的，手里拿的是劍。太極劍也是一種中國武術，練太極劍可以很好地鍛煉身體。我媽媽以前常常生病，不能工作，後來，她就練太極劍。②練了兩年，她身體好了，現在可以上班了。力波，你不是每天早上都學太極拳嗎？現在你學得怎麽樣了？

【表示變化】
Indicating changes

丁力波：現在我已經會打太極拳了。

最近，又開始學太極劍。我覺得打太極拳、練太極劍對身體是很好。

宋　華：太極劍的動作非常優美，練太極劍就沒有扭秧歌那麽容易了。

馬大爲：你們看，街心花園那兒圍着很多人。那兒安靜得沒有一點兒聲音，他們在做甚麽呢？咱們過去看看。

生詞 New Words

1. 太極劍	N	tàijíjiàn	*taijijian* (a kind of traditional Chinese swordplay)　練太極劍, 練一套太極劍
劍	N	jiàn	sword　拿着一把劍
2. 街	N	jiē	street　街上, 大街, 一條街
3. 活動	V/N	huódòng	to move about/activity　出來活動, 有甚麼活動, 一種鍛煉身體的活動, 活動活動
4. 跳	V	tiào	to jump, to leap　又唱又跳, 跳起來
5. 跳舞	VO	tiàowǔ	to dance　跳甚麼舞, 跳古典舞
舞	N	wǔ	dance
6. 敲鑼打鼓	IE	qiāoluó dǎgǔ	to beat drums and gongs
敲	V	qiāo	to beat; to knock on　敲門
鑼	N	luó	gong
打	V	dǎ	to beat
鼓	N	gǔ	drum
7. 扭秧歌	VO	niǔ yāngge	to do the *yangge* dance
扭	V	niǔ	to twist
秧歌	N	yāngge	*yangge* dance
8. 民間	N	mínjiān	folk　民間音樂, 民間故事, 民間藝術, 跳民間舞
9. 舞蹈	N	wǔdǎo	dance　舞蹈專業, 舞蹈學院, 舞蹈藝術, 演出舞蹈
10. 叫做	V	jiàozuò	to be called　叫做秧歌舞, 叫做入鄉隨俗
11. 動作	N	dòngzuò	movement, action　舞蹈動作, 練練動作, 太極劍的動作
12. 簡單	A	jiǎndān	simple　簡單的動作, 簡單的問題, 簡單的事兒, 簡單介紹, 簡單回答

13. 老人	N	lǎorén	senior; elderly man or woman	對老人來說，尊重老人，幫助老人
14. 出汗	VO	chūhàn	to sweat	身上出汗，頭上出汗，扭得全身出汗，熱得出汗，出了很多汗
15. 要不	Conj	yàobù	otherwise, or else	
16. 手	N	shǒu	hand	手裡，用手，手上，左手，右手
17. 武術	N	wǔshù	martial arts	練武術，一種中國武術，武術比賽
18. 生病	VO	shēngbìng	to fall ill	常常生病，生病的時候
病	V/N	bìng	to fall ill / disease	病了，病得很重，小病，大病，病好了，一種病
19. 後來	N	hòulái	afterwards, later	後來怎麼樣，後來呢
20. 上班	VO	shàngbān	to go to work	在郵局上班，上班時間
21. 早上	N	zǎoshang	(early) morning	每天早上，早上好
22. 最近	N	zuìjìn	recently	最近一個月，最近三天
23. 街心花園	NP	jiēxīn huāyuán	a landscaped island at an intersection of avenues	
24. 圍	V	wéi	to surround	圍着他，圍着很多人，圍着看

丁力波：他們在下棋呢。宋華，你喜歡下棋嗎？

宋　華：喜歡。我也喜歡看別人下棋。我覺得看別人下比自己下更有意思。有的時候我看得忘了吃飯。

馬大爲：所以那些站在旁邊的人也是在看下棋？

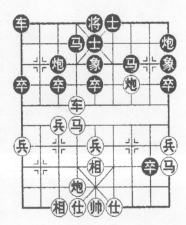

宋　華：是啊，常常兩個人下棋，很多人圍着看。看的人和下的人也可能互相不認識。

馬大爲：這很有意思。

丁力波：東邊的立交橋下還有很多人呢。你聽見了嗎？那是唱京劇的。

馬大爲：京劇團怎麼到這兒來唱呢？

宋　華：他們不是京劇團的，他們是這個小區的京劇愛好者，也都是些老人。以前他們工作的時候，忙得沒有時間唱。現在他們人退休了，休閒的時間也多了，晚上就來這兒高高興興地唱一唱。因爲愛好一樣，不認識的人也都成了朋友。一般地說，到這兒來唱的人水平都還可以，喜歡聽京劇的就圍過來聽。他們聽得高興的時候，也可以叫"好"！這也是他們的一種休閒方式。

【總結概括】
Making a summary

馬大爲：真有意思。我發現這兒老人的休閒活動有很多特點。簡單地說，第一，他們非常注意鍛煉身體；第二，最重要的是，他們喜歡很多人在一起活動；第三，有的人做，有的人看，可能互相不認識，可是大家都玩兒得很高興。

宋　華：你説得很對。當然，這兒老人的休閒方式還很多。早上
　　　　有做操的，有跑步的，有爬山的，有游泳的，也有帶着
　　　　自己的小狗散步的，還有在家練書法的、養花的。③

馬大爲：年輕人呢？

宋　華：年輕人的休閒活動就更多了。
　　　　你看，街對面的網吧門口，進進
　　　　出出的都是年輕人，④旁邊的舞廳
　　　　裡又出來了兩個小夥子。

生詞 New Words

1. 下棋	VO	xiàqí	to play chess	看別人下棋，喜歡下棋，跟朋友下棋，下一盤棋
2. 立交橋	N	lìjiāoqiáo	overpass	立交橋下，上立交橋，下立交橋
橋	N	qiáo	bridge	
3. 聽見	VC	tīngjiàn	to hear	聽見聲音，沒有聽見
4. 愛好者	N	àihàozhě	lover (of art, sports, etc.); enthusiast	京劇愛好者，書法愛好者
5. 退休	V	tuìxiū	to retire	退休以後，退休教師，退休老人
6. 休閒	V	xiūxián	to take recreation	休閒時間，休閒活動
7. 方式	N	fāngshì	way	休閒方式，活動方式，生活方式
8. 做操	VO	zuòcāo	to do gymnastics	
9. 跑步	VO	pǎobù	to jog	
10. 對面	N	duìmiàn	opposite side	街對面，大樓對面
11. 網吧	N	wǎngbā	internet cafe / bar	街對面的網吧，一個網吧
12. 門口	N	ménkǒu	doorway	網吧門口，學校門口，家門口
13. 舞廳	N	wǔtīng	ballroom	旁邊的舞廳，去舞廳跳舞

補充生詞 Supplementary Words

1.	長壽	A	chángshòu	longevity
2.	公里	M	gōnglǐ	kilometer
3.	調查	V	diàochá	to investigate
4.	組	V/N	zǔ	to form / group
5.	心臟	N	xīnzàng	heart
6.	秘訣	N	mìjué	secret of success
7.	在於	V	zàiyú	to depend on; to rely on
8.	運動	V/N	yùndòng	to do physical exercise / sports
9.	故鄉	N	gùxiāng	hometown
10.	流傳	V	liúchuán	to spread
11.	健康	N/A	jiànkāng	health / healthy
12.	聰明	A	cōngmíng	intelligent, clever
13.	奧林匹克	PN	Àolínpǐkè	the Olympics

二、注釋　　　Notes

① 不行,我還得先把動作練一練,要不,大家就都看我一個人扭了。

"No, I have to practice first. Otherwise, everybody will just be watching me dancing."

"要不" means "如果不" ("otherwise" or "if not"). It is used between two sentences or clauses to indicate the result or conclusion that is derived form the assumption or expectation contrary to the first sentence. For example,

你去參加她的生日聚會吧,要不,她會不高興的。

② 後來,她就練太極劍。

"Later, she practiced *taijijian*."

"後來" refers to a time after a certain period. For example,

他去年五月去過一次,後來沒有再去過。

Note: The differences between "後來" and "以後": (a) "以後" can refer to a time either in the past or the future, while "後來" refers only to a time in the past. (b) "以後" can be used either alone or with other words; for example, "下課以後". However, "後來" can only be used by itself. Thus, one cannot say: ⊗"下課後來".

③ 早上有做操的,有跑步的,有爬山的,有游泳的,也有帶着自己的小狗散步的,還有在家練書法的、養花的。

"In the morning, some people do gymnastics, some jog, some climb mountains, and some swim. There are also people who take their dogs for a walk, or stay at home practicing calligraphy or gardening."

Two or more phrases of the structure "有+VP+的" may express enumeration.

④ 街對面的網吧門口,進進出出的都是年輕人。

"All those people (who are) going in and out of that internet bar across the street are young."

三、練習與運用　Drills and Practices

重點句式　KEY SENTENCES

1. 前邊走過來了不少老人。
2. 舞廳裡出來了兩個小夥子。
3. 她身體好了,現在可以上班了。
4. 現在八點半了。
5. 他們玩兒得真高興。
6. 以前他們忙得沒有時間唱。
7. 秧歌舞的動作又簡單又好看。
8. 我還得先把動作練一練,要不,大家就都看我一個人扭了。
9. 我媽媽以前常常生病,不能工作,後來,她就練太極劍。

1. 熟讀下列短語　Master the following phrases

(1) 來了兩個新同學　開來了一輛公共汽車　下去了很多大學生

　　死了一隻小狗　　走過來了不少年輕人

(2) 玩兒得很高興　　病得不能起牀　　熱得全身出汗

　　高興得跳起來了　累得不想說話

(3) 會下棋了　　會扭秧歌了　會唱京劇了　會開汽車了

　　可以上班了　該出發了　　能上學了　　願意養花了

(4) 又唱歌又跳舞　又簡單又好看　又工作又學習

　　又洗衣又做飯　又年輕又漂亮　又乾淨又安靜

2. 句型替換　Pattern drills

(1) 前邊走過來了不少老人。

樓下	來	兩個新同學
南邊	開來	一輛公共汽車
火車上	下去	很多大學生
外婆家	死	一隻小狗
對面	走過來	不少年輕人

(2) 以前他會不會打太極拳?

　　以前他不會打太極拳。

　　現在呢?

　　現在他已經會打太極拳了。

會	下棋
會	扭秧歌
會	開汽車
能	上班
願意	養花

(3) 他們玩兒得怎麼樣?

　　他們玩兒得真高興。

大家	唱	嗓子疼
那位老人	病	不能起牀
小彩子	跳舞跳	全身出汗
京劇愛好者	聽京劇聽	忘了吃飯

(4) 他忙不忙?

　　他很忙,忙得沒有時間唱京劇。

高興	跳起來
累	不想說話
熱	全身出汗
疼	躺在牀上

(5) 秧歌舞的動作簡單嗎?

秧歌舞的動作<u>又簡單又好看</u>。

他姐姐	工作	又工作又學習
這書房	乾淨	又乾淨又安靜
她丈夫	做飯	又做飯又洗衣
他妻子	漂亮	又漂亮又年輕

(6) 我還得先把動作練一練,<u>要不</u>,大家就都看我一個人扭了。

把去農村的路問清楚	我們又會找錯地方了
打電話告訴她	她不會在家等我們
把課文唸一唸	上課的時候我又會唸得很不流利
瞭解一下那兒的風俗	我不知道該怎麼做

3. 課堂活動 Classroom activities

(1) One student makes up a sentence using the words learned in this lesson, and another student uses "後來" to continue the conversation. For example,

　　A: 我來北京以後常常去網吧。

　　B: 後來在那兒認識了一個中國朋友。

(2) One student makes up a sentence using the words learned in this lesson, and another student uses "要不" to make an assumption. For example,

　　A: 我們現在應該學點兒武術。

　　B: 要不, 以後就沒有這麼方便了。

4. 會話練習 Conversation exercises

IDIOMATIC EXPRESSIONS IN CONVERSATION

要不 (Otherwise, ...)

當然可以 (Of course, it will do / it's all right.)

一般地說 (Generally speaking, ...)

簡單地說 (Briefly / In a word, ...)

最重要的是 (The most important thing is...)

[表示變化 Indicating a change]

A：你最近聽到王文的消息嗎？他在家裡休息得怎麼樣？

B：他已經從家裡回來了。現在他身體好了，每天能正常地學習了。

A：他兩個月不在學校，現在學習怎麼樣？

B：他學習進步得也很快。他的變化真大。

[總結概括 Making a summary]

A：不同的地方有不同的風俗習慣，你覺得我們應該怎樣做？

B：簡單地說，我覺得"入鄉隨俗"是對的。怎樣"入鄉隨俗"呢？第一，要尊重別人的風俗習慣，也就是尊重別人的文化；第二，如果你喜歡這種風俗習慣，你也可以這樣做。

A：如果我不願意這樣做呢？

B：你當然可以不做，但是你也應該注意：不要違反 (wéifǎn, to violate) 別人的風俗習慣。

A：你說得很對。最重要的是尊重別人。

5. 看圖說話 Describe the picture

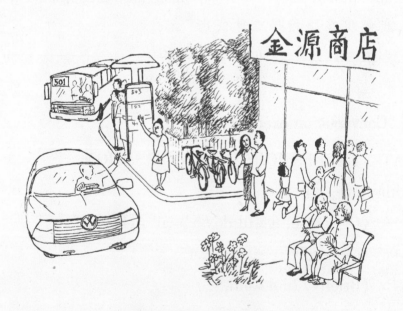

（坐着、放着、開着、開過來、開走、走出來、走進去）

6. 交際練習 Communication practice

(1) Talk about any changes that have affected yourself, a friend, a classmate, or a teacher.

(2) Speak from your experience about how to study Chinese characters, memorize new words, or practice conversations.

After you speak, write down what you have said.

四、閱讀和復述　Reading Comprehension and Paraphrasing

走路和長壽

人們常說："飯後百步走，活到九十九。" 走路是最方便的活動方式，也是老年人最好的鍛煉。怎麼走呢？醫生建議老年人每天用三十分鐘的時間，走三公里的路，每個星期最少走五次。當然，用多少時間，走多少路，那還得看自己的身體情況。身體好的，可以多走一些，身體差的，也可以少走一些。只要每天都走走，對身體一定有好處。

一位醫生調查了兩組老人。一組是每天走一個小時；一組是每天很少走路。後來他發現每天走路的人長壽，得心臟病的少。

一個記者訪問了一位 95 歲的老人。他問老人，健康長壽的秘訣是甚麼？老人笑着說："我哪有甚麼秘訣？人們常說，生命在於運動。年輕人要運動，老人更要常運動。"記者又問他："您喜歡甚麼運動？"老人說："我最大的愛好就是走路，每天最少走一個小時的路。早上起牀以後就到公園裡去走一走，要走得全身都熱了，但是不要熱得全身出汗。走完了一小時的路，才回家吃飯、看書、看報、看電視。"老人覺得，每天走路，又簡單又方便。如果有可能，再去爬爬山，那就更好了。記者想，"走路"可能就是這位老人的長壽秘訣吧！

奧林匹克運動的故鄉流傳着這樣的幾句話："你想變得健康嗎？你就跑步吧。你想變得聰明嗎？你就跑步吧。你想變得漂亮嗎？你就跑步吧。"對老年人，我們也可以這樣說："你想健康嗎？你就走路吧。你想長壽嗎？你就走路吧。"

1. 存現句(3)　Sentences indicating existence or emergence (3)

The following sentence pattern is commonly used to describe the appearance or disappearance of a person or thing from some location.

S (PW) + V + Pt or Complement + Num-MP+ O
(persons or things that appear or disappear)

Subject (PW)	Predicate			
	V	Pt or Complement	Num-MP	O (persons or things that appear or disappear)
那兒	來	了		很多　人。
前邊	走	過來		不少　老人。
他們家	死	了	一盆	花兒。
立交橋下	開	過去	五輛	車。
宿舍門口	丟	了	一輛	自行車。

Notes: (1) The subject of this type of sentence is a word or phrase indicating a location. The prepositions such as "在" and "從" cannot be inserted before the subject.

(2) The predicate of this type of sentence is usually an intransitive verb that usually refers to a positional change of people or things. For example, "走,跑,來,丟,生,死".

(3) The verb of this type of sentence is commonly followed by the aspect particle "了" or a complement.

(4) The object of this type of sentence must not be specified. Thus, one cannot say:⊗"前邊走來了馬大爲". There is usually a numeral-measure phrase or another attributive in front of the object.

2. "了"表示情況的變化 (2)　"了" indicating a change of situation (2)

Sentences with a noun phrase, a subject-predicate phrase, or an optative verb as the predicate can all take "了" after them to indicate a change of situation or the start of a new situation. This kind of sentence functions as a reminder or attracts people's attention. For example,

> A: 現在幾點了？
>
> B: 現在八點半了。
>
> A: 他幾歲了？
>
> B: 他十歲了。

> 我媽媽身體好了，現在可以上班了。
>
> 現在他們人退休了，休閒的時間也多了。

> 丁力波會打太極拳了。
>
> 現在可以進來了。

The V / A-not-V / A question the same meaning with the "…了＋沒有？"structure. For example,

> 她身體好了沒有？

3. 情態補語(2) The complement of state (2)

Besides describing or commenting on a movement or an action itself, a complement of state also describes the state of the subject (a person or thing) that has appeared or developed because of the movement or action.

For example,

> 他們玩兒得很高興。
>
> 水果洗得乾乾淨淨的。

Adjectival phrases can often act as the complement of state, while verbal phrases, subject - predicate phrases and other complements can also serve as the complement of state. For example,

> 那兒安靜得沒有一點兒聲音。(verbal phrase)
>
> 他們下棋下得忘了吃飯。
>
> 他們忙得沒有時間唱京劇。

他們扭得全身出汗。(subject-predicate phrase)

他高興得跳起來。(directional complement)

我累得躺在牀上。(resultative complement)

4. 又……又…… The construction "又……又……"

"又"(3) is followed by verbal /adjectival words or phrases, indicating that several actions, features or states occur or exist at the same time. For example,

他們又唱又跳。

那些人又說又笑，眞高興。

秧歌舞的動作又簡單又好看。

這個姑娘又年輕又漂亮。

他在北京又工作又學習。

六、字與詞　Chinese Characters and Words

構詞法(4)：動賓式 Word formation methods (4)：Verb - object compound words

The first character defines or restricts the meaning of the second one, e.g. "結+果→結果". Other examples,

說話　關心　聊天　照相　送禮　下棋　結業　吃飯　放心　放假

掛號　烤鴨　排隊　起牀　散步　跳舞　唱歌　開車　看病　罰款

第三十一課 Lesson 31

中國人叫她"母親河"

一、課文 **Texts**

（一）

林　娜：宋華，學校讓我和力波參加"中國通知識大賽"。我們雖然來中國一年多了，可是對中國的地理知識還瞭解得不太多。現在只有一個多月的時間準備了，我們着急得吃不下飯，睡不好覺。①

宋　華：一共有多少人參加這次比賽？

丁力波：聽説有二十幾個人。

宋　華：不用着急。你們只要認眞準備，
　　　　就一定會得到好的成績。

【表示鼓勵】
Giving encouragement

丁力波：你幫我們準備一下，好嗎？

宋　華：好啊。我先問你們一個問題：中國很大，有多大呢？

丁力波：中國的面積有九百六十萬平方公里，②
　　　　從東到西，有五千多公里，從
　　　　南到北，有五千五百多公里，
　　　　是世界第三大國家。

【詢問事物的性狀】
Asking about something

林　娜：對。俄羅斯最大。中國比美國大一點兒，比加拿大小一
　　　　點兒。

宋　華：中國的人口有多少？

丁力波：中國的人口，包括大陸、臺灣、香港和澳門，一共有
　　　　十三億人。③中國是世界上人口最多的國家。

宋　華：回答正確。下一個問題：世界上最高的地方在哪兒？

林　娜：在中國的西藏。

宋　華：世界上最高的山峰叫甚麼？它有多高？

丁力波：世界上最高的山峰叫珠穆朗瑪峰，它有8800多米高。

宋　華：中國最長的河是不是黃河？

林　娜：不是。中國第一大河是長江，有6300多公里長。它也是
　　　　世界第三大河。黃河是中國第二大河，有5400多公里長。

宋　華：中國人爲甚麼叫黃河"母親河"？

丁力波：黃河是中華民族的搖籃，所以中國人叫她"母親河"。④

生詞 New Words

1. 母親	N	mǔqīn	mother	我母親
母	N	mǔ	mother	
2. 河	N	hé	river	小河，大河，第一大河，母親河，一條河
3. 知識	N	zhīshi	knowledge	文化知識，歷史知識，音樂知識，知識比賽，知識大賽
4. 地理	N	dìlǐ	geography	中國地理，中國的地理知識
5. 只要	Conj	zhǐyào	as long as	
6. 成績	N	chéngjì	achievement	學習成績，考試成績，比賽成績，好的成績
7. 面積	N	miànjī	area	中國的面積，北京的面積
8. 萬	Num	wàn	ten thousand	一萬，十萬，一百萬，一千萬
9. 平方公里	M	píngfāng gōnglǐ	square kilometer	九百六十萬平方公里
平方	N	píngfāng	square	平方米
公里	M	gōnglǐ	kilometre	五千五百多公里，六千三百多公里長，五千四百多公里長
10. 世界	N	shìjiè	world	世界上，全世界，世界有名
11. 人口	N	rénkǒu	population	中國人口，有多少人口，人口最多的國家
12. 包括	V	bāokuò	to include	包括小孩，包括郊區
13. 億	Num	yì	a hundred million	十三億人口
14. 正確	A	zhèngquè	correct	正確的回答，正確的看法，正確的意見，正確的方式
15. 山峰	N	shānfēng	mountain peak	最高的山峰
16. 米	M	mǐ	metre	八千八百多米高，一米八，一米七五

17. 搖籃	N	yáolán	cradle	民族的搖籃，小孩的搖籃
18. 俄羅斯	PN	Éluósī	Russia	
19. 大陸	PN	Dàlù	the Mainland (of China)	
20. 臺灣	PN	Táiwān	Taiwan	
21. 香港	PN	Xiānggǎng	Hong Kong	
22. 澳門	PN	Àomén	Macao	
23. 西藏	PN	Xīzàng	Tibet Autonomous Region	
24. 珠穆朗瑪峰	PN	Zhūmùlǎngmǎ Fēng	Mount Qomolangma (Mount Everest)	
25. 黃河	PN	Huáng Hé	the Yellow River	
26. 長江	PN	Cháng Jiāng	the Changjiang River (or Yangtze River)	
27. 中華	PN	Zhōnghuá	China	

（二）

宋　華：大爲，剛才有人給你打電話了。

馬大爲：那可能是我的一個朋友打來
　　　　的。要放長假了，有幾個朋友
　　　　想去旅遊，可是還沒有決定去
　　　　哪兒。

宋　華：中國的名勝古跡太多了，有名
　　　　的少說也有五六百個。⑤只要
　　　　你喜歡旅遊，每個假期都有地

方去。

馬大爲：先去哪兒呢？我已經去過兩三個地方了，比如海南島、
　　　　西安。對了，還有泰山。

宋　華：你喜歡遊名勝古跡，還是喜歡看自然景色？

馬大爲：都喜歡。我特別喜歡爬山，爬又高又美的山。

宋　華：好啊。去爬珠穆朗瑪峰吧，那是全世界最高的山。

馬大爲：那座山高了點兒，我的身體差了點兒，時間也少了點兒。

宋　華：黃山你還沒有去過吧？

馬大爲：還沒去過。黃山怎麼樣？

宋　華：那兒的景色是世界有名的。早在 1200 多年以前，黃山
　　　　就已經是中國的名勝了。⑥ 你在那兒可以看到，從早到晚
　　　　景色在不停地變化着。而且不同的人看，感覺也不一樣。
　　　　它最美的景色是白雲、松樹和山峰。你從山上往下看，
　　　　白雲就像大海一樣，⑦ 人們叫它“雲海”。黃山的松樹和
　　　　山峰也都很有特色。很多山峰樣子都非常奇怪，所以叫
　　　　做“奇峰”，松樹就長在這些奇峰上。雲海、松樹和奇峰
　　　　在一起真是美極了！不但中國人喜歡遊黃山，而且外國
　　　　朋友也常去那兒。

馬大爲：黃山有一棵樹叫做“迎客松”吧？

宋　華：對！那棵古松有 1000 多歲了，它每天都在熱情地歡迎遊

黃山的朋友們。

馬大爲：好，下星期我就去黃山旅遊。

生詞 New Words

1. 旅遊	V	lǚyóu	to tour	去旅遊，去西安旅遊
遊	V	yóu	to travel, to tour	遊泰山，遊海南島
2. 名勝古跡	IE	míngshèng gǔjì	scenic spots and historical sites	遊名勝古跡，名勝古跡很多
名勝	N	míngshèng	scenic spots	
古跡	N	gǔjì	historical sites	
3. 自然	A/N	zìrán	natural / nature	自然景色，聲調很自然，說得很自然
4. 感覺	N/V	gǎnjué	feeling / to feel	我的感覺，感覺不一樣
5. 雲	N	yún	cloud	白雲
6. 松樹	N	sōngshù	pine tree	
樹	N	shù	tree	
7. 海	N	hǎi	sea	大海，像大海一樣
8. 奇怪	A	qíguài	strange; surprising; odd	奇怪的山峰，奇怪的樣子
9. 棵	M	kē	(a measure word for trees and plants)	一棵樹，一棵蔬菜
10. 黃山	PN	Huáng Shān	Mt. Huang	
11. 迎客松	PN	Yíngkèsōng	Guest-welcoming Pine (on Mt. Huang)	

補充生詞 Supplementary Words

1. 南水北調	IE	nán shuǐ běi diào	divert water from the south to the north
2. 運河	N	yùnhé	canal
3. 工程	N	gōngchéng	engineering project
4. 挖	V	wā	to dig
5. 柳樹	N	liǔshù	willow
6. 匯合	V	huìhé	to converge; to join
7. 通航	VO	tōngháng	to be open to air traffic or to navigation
8. 段	N/M	duàn	section; part
9. 研究	V	yánjiū	to study; to do research
10. 引	V	yǐn	to divert; to lead
11. 改善	V	gǎishàn	to improve
12. 杭州	PN	Hángzhōu	Hangzhou (a city in China)
13. 隋煬帝	PN	Suí Yángdì	Emperor Suiyangdi (an emperor of the Sui Dynasty)
14. 江南	PN	Jiāngnán	areas south of the lower reaches of the Changjiang River
15. 揚州	PN	Yángzhōu	Yangzhou (a city in China)

二、注釋　　Notes

① 我們着急得吃不下飯,睡不好覺。

"We are too worried to eat or sleep well."

② 中國的面積有九百六十萬平方公里。

"China has an area of 9,600,000 square kilometres."

The construction "有+Num-MP(+A)" is employed to describe the physical characteristics such as size, area, weight, height, and age, in numbers. The adjective that appears at the end of the construction generally denotes a quality, such as "大, 高, 長 and 重". The interrogative form of this construction is "有+多+A". For example,

A：香港的面積有多大？　　B：香港的面積有 1068 平方公里。

A：珠穆朗瑪峰有多高？　　B：珠穆朗瑪峰有 8800 多米高。

A：長江有多長？　　B：長江有 6300 多公里長。

A：這些蘋果有多重？　　B：這些蘋果有 5 斤多重。

A：他有多大(歲數)？　　B：他有三十多歲。

A：他有多高？　　B：他有一米八五高。

"沒(有)" is used to negate this construction. For example,

他沒有三十歲。

他沒有一米八五高。

③ 中國的人口，包括大陸、臺灣、香港和澳門，一共有十三億人。

　"The population of China, including the mainland, Taiwan, Hong Kong and Macao, amounts to 1.3 billion."

The verb "包括" means "to include" (some or all parts of something), and its negative form is "不包括". For example,

他每天在外邊工作的時間，包括坐公共汽車，一共有十個小時。

我們系的學生，不包括旁聽生(pángtīngshēng, auditor)，有四百五十人。

④ 黃河是中華民族的搖籃，所以中國人叫她"母親河"。

"The Yellow River is the cradle of Chinese civilization, Therefore, the Chinese people call it the 'Mother River'."

In ancient times, "中華" referred to the Yellow River Valley, where the Han people, the largest ethnic group in China, first settled and thrived. Later, it grew to stand for all of China, and "中華民族" is now the general term for the 56 ethnic groups of China.

Such verbs as "叫" and "稱" can take double objects to form the construction "叫(稱)+O_1+O_2", which are equivalent to the verb "to be", when they are placed before two nouns. The first one usually indicates a person, and the second one is the title by which this person is addressed. For example,

林娜叫丁力波"老畫家"。

你可以叫出租汽車司機"師傅"。

大家稱他園藝師。

⑤ 有名的少説也有五六百個。

"There are five to six hundred famous ones, to say the least."

The meaning of "少説" is "to say the least; at least". For example,

今天來的人很多,少説也有七八百人。

這是一棵老樹,少説也有六百年了。

⑥ 早在 1200 多年以前,黄山就已經是中國的名勝了。

"As early as over 1,200 years ago, Mt. Huang was already a famous scenic spot in China."

"早在…以前" means "as early as". For example, 早在一個月前,早在 1950 年.

⑦ 白雲就像大海一樣。

"The white clouds look just like the vast ocean."

The preposition "像" means "to look like, to be like". "像+NP+一樣" is used in almost the same way as "跟+NP+一樣". For example, instead of "白雲就像大海一樣", one can say, "白雲就跟大海一樣".

重點句式　KEY SENTENCES

1. 中國面積有九百六十萬平方公里。

2. 珠穆朗瑪峰有 8800 多米高。

3. 我已經去過兩三個地方了。

4. 剛才有人給你打電話了。

5. 聽說有二十幾個人參加比賽。

6. 黃山有一棵樹叫做"迎客松"吧?

7. 你們只要認真準備,就一定會得到好的成績。

8. 中國人叫她"母親河"。

1. 熟讀下列短語　Master the following phrases

(1) 幾件事兒　十幾盆君子蘭　幾十匹馬　　三十幾位老師

　　幾百塊錢　十多斤水果　二十多歲　　三十多瓶啤酒

　　二百多位書法家　　　一千多塊錢　一斤多點心

　　5 米多布　2 個多小時　3 個多星期　7 個多月

　　兩三幅字畫　　　　三四部電影　一二十種月餅

　　五六十篇文章　　　七八百輛汽車

(2) 五萬七千五百六十六公里(57566 公里)

　　三十四萬二千多公里(342003 公里)

　　五百萬零九十五平方米(5000095 平方米)

　　九百六十萬平方公里(9600000 平方公里)

　　十三億人(1300000000 人)

(3) 有人敲門　有人找你　有人給你打電話

　　有一個姑娘很漂亮　　有一位詩人叫李白

- 76 -

2. 句型替換 Pattern drills

(1) <u>珠穆朗瑪峰</u>有<u>多高</u>？

　　<u>珠穆朗瑪峰</u>有<u>8800 多米高</u>。

中國的人口	多少	1300000000 人
上海的人口	多少	13340000 多人
中國的面積	多大	9600000 平方公里
北京的面積	多大	16800 多平方公里
這條河	多長	5400 多公里長

(2) <u>這座橋</u>有沒有<u>50 米長</u>？

　　<u>這座橋</u>沒有<u>50 米長</u>，只有<u>40 多米</u>。

你朋友	1 米 90	高	1 米 85
這件衣服	50 公分	長	48 公分
這座小山	500 米	高	300 多米
你家的房子	200 平方米	大	150 多平方米
這個烤鴨	3 斤	重	2 斤多

(3) 有<u>人</u>給你<u>打電話</u>了。

　　是誰？

　　不知道。

人	敲門
一位小姐	在樓下等你
人	找你
幾位老人	走過來了

(4) <u>中國人</u>叫<u>她</u>甚麼？

　　<u>中國人</u>叫<u>她</u>"<u>母親河</u>"。

同學們	他	中國通
南方人	媽媽的母親	外婆
王小雲	那個人	舅舅
他	自己	老畫家
隊員們	他	王教練

(5) 他們怎樣才會得到好的成績?

　　他們只要認真準備,就會得到好的成績。

大家	能學好漢語	認真地練習
他們	可以參加比賽	願意去
同學們	會有一個健康的身體	每天鍛煉

(6) 只要你喜歡旅遊,每個假期都有地方去。

他提出來	我們都會幫助他
你們歡迎	他們都想參加扭秧歌
你有時間	每天早上都可以來練太極劍

3. 課堂活動 Classroom activities

(1) Practice the construction "有+多+A" by using the objects around you to practice the question-and-answer drills with one of your classmates.

(2) One student sets a condition by using "只要", and other students supply the results by using "就". For example,

　　A: 只要不下雨,

　　B: 我就在外面跑步,

　　C: 公園里就會有很多人。

　　……

4. 會話練習 Conversation exercises

IDIOMATIC EXPRESSIONS IN CONVERSATION

不用着急 (There is no need to worry about...)

少説也有…… (To say the least, there is...)

早在…… (as early as...)

像……一樣 (to look like...)

[表示鼓勵 Giving encouragement]

A：我已經練了少說也有一個多月了，可是還沒有學會。真太難了。

B：不用着急，你剛開始學，還不習慣，當然會覺得難。這是很自然的，以後就會容易一些。

A：我看我不可能學會了，我真不想練了。

B：你說到哪兒去了？你已經有了很大的進步，只要你每天都認真地練，就一定能練好。

[詢問事物性狀 Asking about something]

A：聽說泰山是中國最有名的名勝古跡之一，它的面積有多大？

B：它的面積有426平方公里。

A：泰山有多高？

B：它的最高的山峰有1545米。唐代的一位詩人(shīrén, poet)說過，"會當凌絕頂，一覽眾山小"(Huì dāng lín jué dǐng, yì lǎn zhòng shān xiǎo)。意思是說，只要登上泰山最高的山峰，你就會覺得別的山峰又低又小。

5. 看圖說話 Describe the picture

(名勝、景色、早在、特色、奇怪、變化、像……一樣)

6. 交際練習　Communication practice

(1) Describe to your classmates the capital of your country. Use approximate numbers to describe its area and population, etc.

(2) Describe to your classmates your favourite scenic spots and historical sites of your country.

After your oral presentation, write down what you have said.

四、閱讀和復述　Reading Comprehension and Paraphrasing

南水北調

京杭大運河是世界上最長的運河。它從北京到杭州，有 1749 公里長。京杭大運河跟長城一樣，也是中國古代有名的大工程。

早在 1500 多年前，中國人就開始挖這條運河。那時候的皇帝隋煬帝三次去江南旅遊，都是從運河坐船去的。他還讓人們在運河兩岸種了很多柳樹，因為隋煬帝姓 "楊"，人們就把這種柳樹叫做 "楊柳"。

中國的大河，比如長江、黃河，都是從西向東，只有大運河是南北方向，把這些主要的大河連接起來。在中國古代，運河裏南來北往的船很多。揚州是長江跟運河匯合的地方，那時候的揚州是一座非常熱鬧的城市。後來，因為北方雨水少，運河的北段早就不能通航了，只有南段還能通航。

中國北方沒有甚麼大河，水很少；而南方的大河比較多，水也多。經過多年的調查研究，政府打算從揚州把一部分長江的水引到運河，再經過運河向北方送水。這叫 "南水北調"。雖然這還只是 "南水北調" 工程的一部分，但是，它對改善北方人民的生活條件是非常重要的。

現在京杭大運河北京地區的一段已經通航了，人們又看到了古代運河的景色。等到大運河全部通航以後，人們就可以從北京坐船去杭州旅遊，看一看運河兩岸的景色，瞭解一下古老而又年輕的運河文化。那該是多麼美好的事啊！

五、語法　　　Grammar

1. "萬"以上的稱數法　Enumeration of the numbers over 10,000

In Chinese, the following characters are used to denote the basic numerical units: "個" (ones), "十" (tens), "百" (hundreds), and "千" (thousands). For the numbers from ten thousand to ten million, the character "萬" is used as the basic unit. Thus, we have "萬" (ten thousands), "十萬" (hundred thousands), "百萬" (millions), and "千萬" (ten millions). For the numbers from one hundred million to one hundred billion, the character "億", eqivalent to "萬萬", is used as the basic unit. For example,

……千 百 十 萬 千 百 十 萬 千 百 十 個
　　億 億 億 萬 萬 萬 萬
　　　　（億）

```
        1 0 0 0 9  is read as "一萬○九" instead of ⊗"十千○九"
      2 5 0 0 0 0  is read as "二十五萬" instead of ⊗"二百五十千"
    1 7 5 9 9 9 8  is read as "一百七十五萬九千九百九十八"
    4 1 6 8 3 0 0 0  is read as "四千一百六十八萬三千"
1 2 9 0 0 5 7 0 2 0  is read as "十二億九千○五萬七千○二十"
```

Notes：(1) All the "zeros" in a multiple-digit number are read as a single "零", regardless of how many they actually are. For example, 10,009 is read as "一萬零九".

(2) The final digits that are zeros are omitted in reading as a rule. The basic numerical unit of ones "個" can be omitted, while other units cannot. For example, 10,500 is read as "一萬零五百".

2. 概數　Approximate numbers

(1) 用"幾"表示概數　Using the character "幾" to indicate an approximate number

幾+M+N　　　　　　　　他買了幾本書。　　(He bought several books.)

幾+"十/百/千/萬/億"+M+N　　今年語言學院來了幾百個留學生。(This year,

several hundred overseas students have come to the Language Institute.)

"十"+幾+M+N　　　　　　前邊來了十幾個人。　　　　(Over ten people are

coming towards us.)

這輛車用了二十幾萬塊錢。　(This car costsmore

than two hundred thousand *yuan*.)

(2) 用"多"表示概數　Using the character "多" to indicate an approximate number

A."多" is placed after a number greater than ten to express the idea of "a few integers more"(a whole number increment, as opposed to a fractional increment). For example,

"十/百/千/萬"+多+ M + N/A

10	多	本	詞典	(more than ten dictionaries)
1000	多	歲		(more than a thousand years old)
8800	多	米	高	(more than 8,800 metres high)
1200	多	年	歷史	(a history of more than 1,200 years)

B."多" is placed after a number less than ten or a multi-digit number with a measure word to express the idea of "a fraction more". For example,

Num + M + 多 (+ N)

兩	斤	多	葡萄	(more than two *jin* of grapes)
十四	米	多	白布	(a piece of white cloth more than fourteen metres long)
一	個	多	月	(more than a month)
254	塊	多	錢	(more than 254 *yuan*)

(3) Using two adjacent numbers to indicate an approximation. For example,一兩個, 二三十,四五百, 六七千,八九萬,三四十萬.

3. 兼語句(2)　Pivotal sentences　(2)

The verb "有" can be used to form a pivotal sentence. Here, the object of "有", usually denoting a person or a thing that exists, also functions as the subject of the second verb. This kind of sentence often has no subject of the whole sentence.

Subject	Predicate				
	V₁ "有"	O₁	(S₂)	V₂	O₂
	有		人	敲	門。
	有	多少	人	參加	比賽?
	(沒)有		人	給你 打	電話。
	有	幾個	朋友	想去	旅遊。
黃山	有	一棵	樹	叫做	"迎客松"。

4. 只要……, 就…… The construction "只要……就……"

"只要"can be placed before or after the subject of the first clause to express a necessary condition; and "就" (sometimes omitted) introduces the result. For example,

你們只要認真準備，就會得到好的成績。

同學們只要每天都練，就一定能把字寫好。

只要你喜歡旅遊，每個假期都有地方去。

只要天氣好，我們就一定去。

六、字與詞　Chinese Characters and Words

構詞法（5）：主謂式　Word formation methods（5）： Subject‑predicate compound words：

The relationship between the first and second character is similar to that between a subject and a predicate，e.g. "年+輕→年輕". For example，聖誕，水平 and 頭疼.

While climbing up Mt. Huang, Ma Dawei came across a Chinese traveller who asked him some personal questions, considered inappropriate in the West. Curious about the different cultural views on privacy, Ma Dawei asks him some similar questions on purpose.

第三十二課 Lesson 32 (復習 Review)

這樣的問題現在也不能問了

 一、課文　　　Texts

（一）

馬大爲：請問，從這條小路能上山頂嗎？

小夥子：我想可以。我也要上去，咱們一起往上爬吧。

馬大爲：好啊！

小夥子：您第一次遊覽黃山吧？您怎麼稱呼？①

馬大爲：我叫馬大爲。

小夥子：太巧了，我也姓馬，你叫我小馬吧。② 我看你的歲數跟我的差不多，③ 可能大一點兒。你今年有二十五六了吧？

馬大爲：你就叫我老馬。

小夥子：你在哪兒工作？

馬大爲：我還在讀書呢。④

【猜測】
Guessing

小夥子：哦，你是留學生。你漢語說得真棒！

馬大爲：很一般。

小夥子：我見過幾位老外，他們漢語說得沒有你好，你說得最好。你們來中國留學，父母還得給你們很多錢吧？

馬大爲：不一定。

小夥子：那你得一邊學習一邊掙錢了？結婚了沒有？

馬大爲：你累不累？我又熱又累，咱們喝點兒水吧。我說小馬，你在哪兒工作？

小夥子：我在一家網絡公司工作。

馬大爲：哦，你是搞網絡的，工資一定很高吧？

小夥子：不算太高。⑤

馬大爲：我想只要在高新技術企業工作，收入就不會低。

小夥子：那也得看公司和個人的情況。⑥

【模糊表達】
Giving a vague response

馬大爲：你們公司怎麼樣？

小夥子：還行吧。⑦

馬大爲：你的收入一定不低了？

小夥子：我去年才開始工作，收入還湊合。

馬大爲："還湊合"是甚麼意思？

小夥子：就是"馬馬虎虎"的意思。

馬大爲：啊！你看，那邊圍着很多人，那不是"迎客松"嗎？

小夥子：是，就是那棵"迎客松"。大家都在那兒照相呢，咱們也去照張相吧。

馬大爲：好啊！

生詞 New Words

1. 遊覽	V	yóulǎn	to go sight-seeing; to tour	遊覽黃山，遊覽長城，遊覽海南島
覽		lǎn	to look at; to see	
2. 稱呼	V/N	chēnghu	to call / a form of address	怎麼稱呼，正式的稱呼，一般的稱呼
稱	V	chēng	to call	稱他老師，稱自己小馬
3. 巧	A	qiǎo	opportunely; coincidentally; skillful;	太巧了，真巧，巧極了，她很巧
4. 差不多	A/Adv	chàbuduō	about the same / almost	歲數跟我差不多，差不多都問到了
5. 讀書	VO	dúshū	to read; to study, to attend school	還在讀書，在中學讀書，讀了很多書，讀完這本書
讀	V	dú	to read; to study, to attend school	讀《紅樓夢》，讀外語，讀大學
6. 哦	Int	ó	oh; aha (expressing a sudden realization)	哦，是你；哦，是這樣
7. 棒	A	bàng	(coll.) good, fine	真棒，太棒了，棒極了
8. 留學	VO	liúxué	to study abroad	來中國留學，出國留學，留了幾年學
9. 父母	N	fùmǔ	father and mother, parents	我的父母
父	N	fù	father	
10. 掙	V	zhèng	to earn	掙錢，掙多少錢
11. 結婚	VO	jiéhūn	to marry	結婚了沒有，跟誰結婚
12. 網絡	N	wǎngluò	internet	網絡公司

13.	搞	V	gǎo	to do, to carry on	搞網絡, 搞美術, 搞音樂
14.	工資	N	gōngzī	wages; pay	掙工資, 拿工資, 給工資
15.	算	V	suàn	to consider; to calculate	不算高, 不算多
16.	高新技術	N	gāo xīn jìshù	new and advanced technology	搞高新技術
17.	企業	N	qǐyè	enterprise, business	高新技術企業, 中小企業, 企業管理
18.	個人	N	gèrén	individual (person)	個人的情況, 個人的事情, 我個人
19.	湊合	V	còuhe	(coll.) to make do; to be passable; to be not too bad	還湊合, 收入還湊合, 電影還湊合
20.	照相	VO	zhàoxiàng	to take a picture	照 (一) 張相

（二）

宋　華：這次旅遊怎麼樣？

馬大爲：好極了，黃山的名勝古跡我差不多都欣賞了。美麗的黃山真是名不虛傳。

宋　華："名不虛傳"用得真地道。

馬大爲：這是跟一起旅行的中國朋友學的。不過，聊天的時候，幾個中國朋友把我圍在中間，問了很多問題，問得我沒辦法回答。

宋　華：他們問了你一些甚麼問題？

馬大爲：差不多把個人的隱私都問到了，比如，問我多大、家裡有幾口人、每月掙多少錢、結婚沒有、有沒有住房甚麼的。⑧ 對了，還問我的揹包是多少錢買的。

宋　華：這是關心你嘛！

馬大爲：可是我們認爲這些都是個人的隱私。別人願意説，你可以聽着；如果別人不想説，這些問題就不能問。

宋　華：對這些問題，我們的看法是不太一樣。我們認爲，問這些只表示友好和關心。

馬大爲：我拿多少工資是我自己的事兒，他爲甚麼要知道？我被他們問得不知道該怎麼辦，這哪兒是關心？

宋　華：問問題的小夥子可能很少見到外國人，他有點兒好奇，就問得多一些。你知道嗎？中國人以前收入都不太高，收入當然是最重要的一件事兒。所以互相問工資是表示關心。

【解釋】
Explaining

馬大爲：哦，是這樣。可是，我問那個小夥子每月掙多少錢，他也不願意把他的工資收入清清楚楚地告訴我。

宋　華：可以説以前這不是隱私，可是現在是了，這樣的問題現在也不能問了。不過，這也是向西方文化學的。

馬大爲：你們學得真快。宋華，今天我也想關心你一下：你爸爸、媽媽每月有多少工資，你能告訴我嗎？

宋　華：可以。"比上不足，比下有餘"，夠花了。⑨

生詞 New Words

1. 欣賞	V	xīnshǎng	to appreciate; to enjoy　欣賞自然景色，欣賞音樂，欣賞越劇，欣賞書法，欣賞字畫
2. 美麗	A	měilì	beautiful　美麗的黃山，美麗的姑娘，美麗的月亮，美麗的大海
3. 名不虛傳	IE	míng bù xū chuán	to have a well-deserved reputation　真是名不虛傳
4. 地道	A	dìdao	pure; typical; genuine　用得真地道，説得很地道，地道的漢語，地道的上海話
5. 中間	N	zhōngjiān	middle; centre　圍在中間，坐在中間，客廳中間，舞臺中間，書房中間
6. 辦法	N	bànfǎ	way; means; measure; method　有辦法，沒辦法，用甚麽辦法，想一個辦法
7. 隱私	N	yǐnsī	privacy; personal secret　個人的隱私，瞭解別人的隱私
8. 住房	N	zhùfáng	house; lodgings; housing　有沒有住房，住房有多大，住房問題
9. 甚麽的	Pr	shénmede	(coll.)　and so on; et cetera　書、報、本子甚麽的，結婚沒有、有沒有住房甚麽的
10. 揹包	N	bēibāo	knapsack; backpack　名牌揹包，一個揹包
揹	V	bēi	to carry　揹東西
包	N	bāo	bag; sack; satchel　書包
11. 關心	V	guānxīn	to be concerned with　關心你，關心別人，關心這件事兒，關心世界，表示關心
12. 認爲	V	rènwéi	to think, to consider　我認爲很好

13. 友好	A	yǒuhǎo	friendly 表示友好，友好國家，對他 們很友好
14. 好奇	A	hàoqí	curious 有點兒好奇，對外國風俗好奇
15. 清楚	A	qīngchǔ	clear 説得很清楚，寫得很清楚，清清 楚楚地告訴我
16. 比上不足， 比下有餘	IE	bǐ shàng bùzú, bǐ xià yǒuyú	better than some, though not as good as others fair to middling
17. 夠	A/V	gòu	enough, sufficient / to be adequate 夠 用，夠吃，夠住，夠高，夠忙，不夠熱鬧
18. 花	V	huā	to spend 不夠花，花錢，花時間

補充生詞 Supplementary Words

1. 工程師	N	gōngchéngshī	engineer
2. 外資	N	wàizī	foreign capital
3. 部門	N	bùmén	branch; department; section
4. 競爭	V/N	jìngzhēng	to compete / competition
5. 激烈	A	jīliè	intense; sharp
6. 工具	N	gōngjù	tool
7. 經驗	N	jīngyàn	experience
8. 學歷	N	xuélì	record of formal schooling; educational background
9. 淘汰	V	táotài	to eliminate through selection or competition
10. 支持	V	zhīchí	to support
11. 前途	N	qiántú	future
12. 王興	PN	Wáng Xīng	Wang Xing (a person's name)

① 您怎麼稱呼？

"How should I address you?"

This is a courteous way of asking someone's name. In response, one may say "我姓…，叫…".

② 你叫我小馬吧。

"Just call me Xiao Ma."

Either "小" or "老" can be placed before a single-character surname to make a less formal form of address. For example, "老張" and "小王" are less formal than "張先生" or "王小姐". This is a general way of addressing friends or acquaintances. "小+姓" is normally used when addressing younger people, whereas "老+姓" is used when addressing those who are middle-aged and older. When Ma Dawei says "你就叫我'老馬'", he is using "老" ironically. Note that "小" or "老" must not be used when addressing one's family members, relatives or people of higher social status.

③ 我看你的歲數跟我的差不多。

"It looks to me as if you and I are about the same age."

As an adjective, "差不多" often functions as a predicate, meaning "not much different; about the same". For example,

    這個故事跟那個故事差不多。

    這兩件衣服樣子差不多。

As an adverb, "差不多" is frequently placed before a verb or an adjective, meaning "almost; nearly". For example,

    黃山的名勝古跡我差不多都去了。

    大家差不多走了兩個小時。

    他和我差不多高。

④ 我還在讀書呢。

"I am still going to school."

Here, "讀書" means "to study at a school; to go to school." For example,

王小雲沒有工作，她還在語言學院讀書呢。

她弟弟現在還在中學三年級讀書呢。

⑤ 不算太高。

"That can't be considered high."

"算" usually means to "consider or deem". Sometimes the verb "是" can be added to "算". For example,

今天不算熱。

他這次考試算是很好了。

⑥ 那也得看公司和個人的情況。

"That should also depend on the company's and the individual's situations." Here, "看" means "to depend on". For example,

明天去不去遊覽，得看天氣情況。

考試成績好不好，得看準備得怎麼樣。

⑦ 還行吧。

"Not bad."

The adverb "還"(5) means "passably; fairly", implying that something is neither very good, nor extremely bad. For example，還可以，還好，還不錯，還湊合.

⑧ 問我多大、家里有幾口人、每月掙多少錢、結婚沒有、有沒有住房甚麼的。

"Ask me about my age, family members, salary, marital status, housing condition, and so forth."

"甚麼的" is used after a phrase or a series of parallel phrases to mean "and so on; there are more things to enumerate". It is often used in spoken Chinese. For example,

我喜歡聽中國民族音樂甚麼的。

星期六他常去看電影、聽音樂、唱京劇甚麼的。

Note: The words and expressions taught in this lesson: 棒，還行 and 還湊合 are also frequently used in spoken Chinese.

⑨ 夠花了。

"(This is) enough (money) to spend."

"夠+V" is a pattern used to indicate that there is enough of something to satisfy some purpose. The verb is usually a monosyllabic one. For example,

他每月的工資夠用了。

我們帶兩瓶水夠喝了。

"夠+A" is used to show that something has met a required standard or has reached a certain extent. For example,

這塊布夠長了，可以做一件衣服。

他已經夠忙了，你別再去麻煩他了。

三、練習與運用　Drills and Practices

重點句式　KEY SENTENCES

1. 您怎麼稱呼？

2. 你的歲數跟我的差不多。

3. 差不多把個人的隱私都問到了。

4. 問我多大、結婚沒有、有沒有住房甚麼的。

5. 我被他們問得沒辦法回答。

6. 工資不算太高。

7. 那也得看公司和個人的情況。

8. 你漢語說得真棒！

1. 熟讀下列短語　Master the following phrases

(1) 跟演員差不多　　　跟司機差不多　　　跟老師寫的差不多
跟我花的差不多　　差不多都復習了　　差不多都來了
差不多遊覽了一個星期　　　　　　　差不多花了 2000 塊錢

(2) 搞藝術的　搞武術的　搞高新技術的　搞管理工作的
搞展覽　搞活動　搞一個比賽　搞一個聚會

(3) 不算好　不算晚　不算太低　不算漂亮　　不算乾淨
　　算不錯　算可以　算很努力　算比較地道　算最便宜

(4) 得看天氣好不好　得看時間夠不夠　得看人多不多
　　得看工作忙不忙　得看身體好不好　得看大家的意見怎麼樣

2. 句型替換　Pattern drills

(1) <u>網絡公司的收入</u>怎麼樣？
　　<u>網絡公司的收入</u>跟<u>這個企業</u>差不多。

這件衣服的樣子	那個商店賣的
這個故事	我讀過的
她每月花的錢	我花的
他唱京劇	演員唱的

(2) 他<u>遊覽黃山的名勝古跡</u>了沒有？
　　他差不多都<u>遊覽</u>了。

修整那些盆景	都修整完了
欣賞這些字畫	欣賞了一個上午
請他的好朋友來	都請來了
結婚	結婚兩年了

(3) 他們<u>問</u>你<u>問題</u>了嗎？
　　<u>問</u>了，我被他們<u>問</u>得真沒辦法<u>回答</u>。

聊天	聊	看書
跳舞	跳	睡覺
敲鑼打鼓	敲	休息

(4) 他做甚麼工作？
　　他是搞<u>網絡</u>的，是個<u>一般工作人員</u>。

藝術	書法家
高新技術	工程師 (gōngchéngshī, engineer)
管理工作	經理
武術	教練

(5) 我<u>帶</u>了 <u>1000 塊錢</u>，夠不夠？
　　我看夠<u>花</u>了。

準備	20 瓶水	喝
買	50 張紙	畫
借	6 本小説	看
租	10 個光盤	聽

3. 課堂活動 Classroom activities

(1) One student asks a question, and another student replies by listing a number of things, ending with "甚麼的". For example,

      A：你喜歡吃甚麼中餐？

      B：我喜歡吃烤鴨、涮羊肉、點心甚麼的。

(2) One student mentions a familiar object for everyday use (such as a book, a movie and some product), and other students comment on it, using the following words or phrases that indicate degrees:

    好極了，最好，太好了，太棒了

    非常好，實在好，真好，真棒，很好

    比較好，不錯，還好，還可以，還行，還湊合，馬馬虎虎，不太好

    不好，差，糟糕，壞

4. 會話練習 Conversation exercises

IDIOMATIC EXPRESSIONS IN CONVERSATION

您怎麼稱呼 （How should I address you?）

還行 （Not bad.）

還湊合 （Not too bad.）

真棒 （Really great.）

不算太高 （Not too high/tall.）

……甚麼的 （...and so on; and so forth.）

得看…… （should depend on...）

[認識 Making someone's acquaintance]

    A：請問，您怎麼稱呼？

    B：我姓丁，叫丁強。

    A：丁先生做甚麼工作？

B：別客氣，就叫我小丁吧。我是搞旅遊的。

[猜測　Making a guess]

A：您是搞武術的吧？

B：對，我是武術教練。

A：您一定能教太極劍吧？

B：當然。誰要學？

A：我們這兒有一些武術愛好者，他們對太極劍很感興趣。如果每星
　　期學兩次，每次一小時，一個月的時間差不多夠了吧？

B：一共8個小時不夠，少說也要16個小時。

[模糊表達　Giving a vague response]

A：老張，你們公司去年的收入很好吧？

B：還行。

A：工作人員的工資一定提高得很快。

B：不一定。得看個人的工作情況。

A：聽說你們單位今年要進不少人。

B：不算太多，跟去年差不多。

A：我看今年你們公司會有很大的發展。

B：一般吧。

[解釋　Explaining]

A：小王，甚麼事情讓你不高興？

B：上午經理找我了，他問了我很多問題，好像我做錯了事兒。

A：他是關心你，可能他也想瞭解一下公司的情況。

B：可是這些事兒跟我沒有關係。

A：經理剛從國外回來。你知道嗎？最近大家對公司有不少意見。經
　　理要跟每個人都聊一聊，可能是想瞭解大家的看法。他也找我聊了。

5. 看圖說話　Describe the following pictures

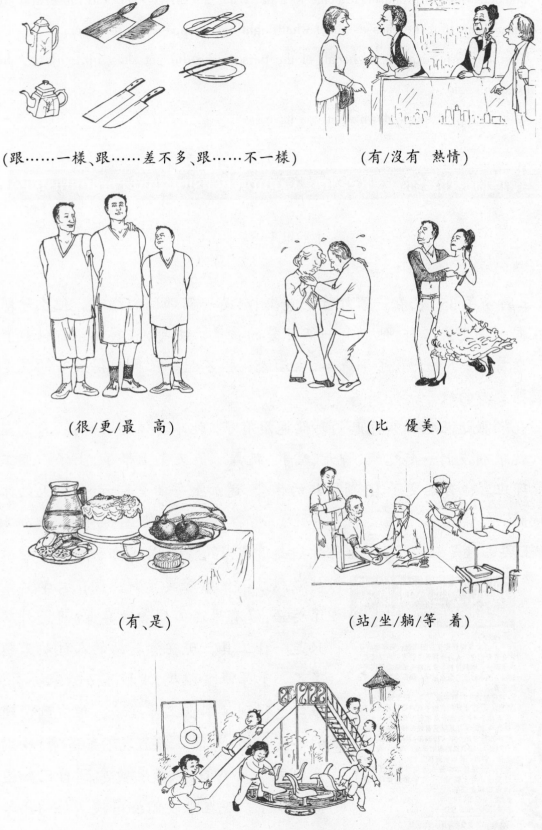

(跟……一樣、跟……差不多、跟……不一樣)　　　(有/沒有　熱情)

(很/更/最　高)　　　(比　優美)

(有、是)　　　(站/坐/躺/等　着)

[爬、滑(huá, to slide)、坐、走、跑,上來、下去、過來、進來、進去]

6. 交際練習　Communication practice

(1) Someone who has promised to come to a party has not arrived yet, and those who are present start to make guesses about what might have happened to him/her.

(2) After the party, explain on behalf of the person who did not show up, why he/she failed to come.

After you speak, write down what you have said.

四、閱讀和復述　Reading Comprehension and Paraphrasing

經理上學

王興今年35歲,在一家外資企業工作,是一個部門的經理。他妻子跟他在同一個企業工作,他們有一個可愛的孩子。去年,王興向銀行借錢買了一套房子,今年又買了小汽車,生活過得很不錯。王興想得最多的就是怎麼掙更多的錢。

可是,最近王興忙得休息的時間也沒有了。他不再像過去那樣,每到星期六就跟朋友們一起吃飯、聊天、唱歌、跳舞。他又去上學了,上了一個工商管理班。他自己交了10萬塊錢的學費,還加上每個星期六、星期天的休閒時間。

王興已經是經理了,爲甚麼還要去讀書呢? 這是因爲他感到競爭越來

越激烈了。他常跟妻子説:"我在大學只學了英語,沒有學過工商管理專業。可是外語只是一種工具, 現在會英語的人也越來越多了。大學畢業以後,我換了五六家公司,雖然也得到了不少工作經驗, 但説到管理的專業知識,有很多都是我不知道的。特別是中國加入WTO以後, 更感到自己知道得太少了。現在來我們公司找工作的年輕人,學歷越來越高,知識也越來越新。跟他

們相比,我現在有的那些知識和經驗已經不夠用了。如果再不學習,很快就有被淘汰的可能。所以我要再去學點兒新東西。"王興的想法得到了妻子的支持,她希望他在今後的競爭中能有更好的前途。

五、語法復習　Grammar Review

1. 結構助詞"的、地、得"　Structural particles "的、地、得"

(1) Used between the attributive modifier and the central word, "的" is the indicator of an attributive.

① "的" is used after a noun to indicate the ownership of the central word. For example,

> 爸爸的西服
>
> 圖書館的書

If the attributive noun is used to indicate the attribute of the central word, "的" is usually omitted. For example,

> 中國人
>
> 語言學院
>
> 英語詞典

② When used after a personal pronoun, "的" generally denotes that person's ownership of the central word. For example,

> 他的車
>
> 大家的看法

If the central word denotes a family member, a relative, or a place where one works, then "的" is often omitted. For example,

> 她媽媽
>
> 我們學院

③ When a disyllabic adjective, an adjective phrase, or an adjective with reduplicated words is used as the attributive modifier, "的" is generally employed. For example,

> 年輕的姑娘
>
> 最好的小夥子
>
> 很漂亮的圍巾
>
> 乾乾淨淨的宿舍

When the attributive modifier is a monosyllabic adjective, then"的" is usually omitted.
For example,

> 男朋友
>
> 新汽車
>
> 大揹包

④ When the attributive modifier is a verb or a verbal phrase, "的" is usually used. For example,

> 工作的時候
>
> 來參觀的學生
>
> 給妹妹買的禮物
>
> 在家裡打的電話

⑤ When a subject-predicate phrase acts as the attributive modifier, then "的" is generally used. For example,

> 宋華買的蛋糕
>
> 她送的花兒
>
> 頭疼的病人

⑥ "的" is often employed when the attributive modifier is a prepositional phrase. For example,

> 對學校的意見
>
> 往北的公共汽車

The word order in a multiple-modifier attributive,

Pr +	這/那 +	Num–MP +	A +	N +	Central word
					詞典
				漢語	詞典
			新	漢語	詞典
		兩本	新	漢語	詞典
	那	兩本	新	漢語	詞典
我的	那	兩本	新	漢語	詞典
indicating the ownership	demonstrative pronoun	indicating the quantity	indicating the attribute	indicating the quality	central word

(2) Used between an adverbial modifier and the predicate verb, "地" indicates the presence of an adverbial.

"地" is usually used in descriptive adverbials with the disyllabic adjectives, adjective phrases, and adjectives with reduplicated words. For example,

> 熱情地歡迎
>
> 非常努力地學習
>
> 認認真真地工作

However, with monosyllabic adjectives as the adverbial, "地" is generally omitted. For example,

> 慢走
>
> 多演奏
>
> 早回家

(3) Used between the predicate verb or adjective, and the complement of state or degree, "得" is the indicator of a complement. For example,

① V/A + "得" + complement of state

> 跑得很快
>
> 寫得更漂亮
>
> 高興得跳了起來

② V + "得" + complement of degree

> 忙得很
>
> 舒服得多
>
> 喜歡得很

2. "把"字句小結 Summary of the "把" sentence

(1) S + 把 + O_把 + V + 在/到/給/成 + O

> 他們把大塊的食物放在盤子裡。
>
> 宋華把客人送到車站。
>
> 丁力波把他買的京劇票送給王小雲。
>
> 他把這本書翻譯成英文了。

(2) S + 把 + O_把 + V + Complement

林娜把今天的練習做完了。 (resultative complement)

王小雲把照相機帶回家去了。 (directional complement)

她把杯子洗得乾乾淨淨的。 (complement of state)

他把你寫的信看了兩遍。 (action measure complement)

(3) S + 把 + O 把 + V + other elements

你把這杯酒喝了。 (verb plus the perfective aspect word "了")

您把語言學院的情況給我們介紹介紹。 (reduplicated verb)

Notes: ① The construction "V + 在/到/成/給 + O" requires the use of the "把" sentence.

② In order to emphasize the result of the action that is performed by the verb upon the object, one generally uses the "把" sentence, as shown in (2) and (3) above.

③ Negative adverbs or optative verbs must be placed before "把". For example, 她沒有把你給她買的禮物送給妹妹。

王小雲想把這本書翻譯成中文。

3. 副詞"就"和"還" The adverbs "就" and "還"

"就" is used:

(1) to stress a fact; e.g.

這就是張教授。

我就買這件。

(2) to stress that something happens early or quickly; e.g.

剛七點,他就來了。

我馬上就回來。

(3) to show that two actions happen in a sequence; e.g.

他們覺得有點兒累,就坐下來休息一會兒。

今天的課文我不太懂,就去問老師。

(4) to show that one thing happens immediately after another; e.g.

我下了課就去買盆花。

他們吃了晚飯就去公園散步。

(5) to indicate that something is going to happen soon. For example,

就要下雨了。

就要放假了。

"還" is used:

(1) to include additional remarks; e.g.

他喜歡書法，還喜歡京劇。

大家還有問題嗎？

(2) to show that an action is still continuing; e.g.

已經十一點了，他還在做練習。

你明年還想學中文嗎？

(3) to mean "barely; scarcely"; e.g.

他的成績還可以。

這個電影還行。

(4) to mean "still; yet"; e.g.

他比他哥哥還高。

我丟了自行車，他比我還着急。

(5) to show that something is unexpected. For example,

張教授還是個書法家呢!

他還畫過油畫呢!

六、字與詞　Chinese Characters and Words

構詞法(6)：重叠式　Word formation methods(6)：Reduplicated compound words

① The meaning of the word is exactly the same as that of the character. For example, 媽媽, 爸爸, 哥哥, 弟弟, 姐姐, 妹妹, 舅舅.

② The meaning of the word is roughly the same as that of the single character. For example, 剛剛, 常常, 輕輕.

Lin Na, Wang Xiaoyun and their friends go to the suburbs of Beijing to tour Mt. Ling. They appreciate the scenery, which is similar to that of the Tibetan Plateau. Then they visit the Tibetan Botanical Garden, which was developed by a female scientist, and they discuss many environmental issues.

第三十三課 Lesson 33

保護環境就是保護我們自己

一、課文　　Texts

陸雨平：好，靈山到了。

王小雲：車還上得去嗎？

陸雨平：上不去了，請下車吧！你們先往山上走。我把車停好，馬上就來。

林　娜：這兒空氣真好。

陸雨平：林娜、小雲，山很高，你們爬得上去嗎？

【表示可能】
Indicating a possibility

王小雲：沒問題，我們一步一步地往上爬吧。

宋　華：你們可能不知道，靈山是北京最高的地方。有位女科學家發現，這兒的自然環境跟西藏高原差不多。

林　娜：好啊，今天我們來參觀靈山的藏趣園，就可以欣賞一下西藏的高原景色了。

馬大爲：藏趣園是不是國家公園？

王小雲：不是。藏趣園是那位女科學家建立的一個植物園，年年都有很多中小學生來這兒過夏令營。① 學生們在這樣的環境里，既能欣賞自然景色，又能接受保護環境的教育。

丁力波：這個好主意是怎麼想出來的？

王小雲：那位女科學家在西藏工作了 18 年。1996 年，她退休了，想在北京找一個地方繼續她的科學研究。因爲靈山的自然條件很像西藏高原，她就把西藏的一些植物移植到這兒來。她還蓋了一個在西藏住過的那種小木屋。你看見了嗎？小木屋就在前邊！

林　娜：在哪兒呢？我怎麼看不見？哦，是不是那棵大樹旁邊的屋子？

王小雲：對。網上有一篇文章叫《小木屋》，你讀過嗎？那就是寫這位女科學家的。

林　娜：沒讀過。我現在還看不懂中文網上的長文章。

生詞 New Words

1. 保護	V	bǎohù	to protect	保護小孩，保護老人，保護字畫
2. 環境	N	huánjìng	environment	保護環境，生活環境，學習環境，城市環境
3. 空氣	N	kōngqì	air	空氣好，空氣不好
4. 步	N	bù	step	一步一步地，兩步，走一步
5. 科學家	N	kēxuéjiā	scientist	女科學家，重要的科學家
科學	N	kēxué	science	學習科學，科學工作，科學活動
6. 高原	N	gāoyuán	plateau, highland	高原景色，西藏高原
7. 建立	V	jiànlì	to build, to establish	建立學校，建立醫院，建立博物館，建立劇團，建立國家公園
8. 植物園	N	zhíwùyuán	botanical garden	建立植物園，參觀植物園，游覽植物園
植物	N	zhíwù	plant	喜歡植物，保護植物
9. 夏令營	N	xiàlìngyíng	summer camp	過夏令營，參加夏令營，舉辦夏令營
10. 既……又……	Conj	jì……yòu……	both... and...	
11. 接受	V	jiēshòu	to accept	接受禮物，接受意見，接受幫助，接受檢查
受	V	shòu	to receive; to accept	
12. 教育	V/N	jiàoyù	to educate / education	教育學生，接受教育，大學教育，保護環境的教育
13. 主意	N	zhǔyi	idea	好主意，他的主意，奇怪的主意，有一個主意
14. 繼續	V	jìxù	to continue	繼續學習，繼續看電視，繼續下棋，繼續聊天

15. 研究	V/N	yánjiū	(to) study; (to) research　研究漢語, 研究文學, 研究這件事兒, 研究問題, 繼續研究, 科學研究, 對漢語很有研究
16. 條件	N	tiáojiàn	condition, term　自然條件, 工作條件, 學習條件, 生活條件
17. 移植	V	yízhí	to transplant　移植花兒, 移植盆景, 移植君子蘭, 移植植物
移	V	yí	to move
18. 木屋	N	mùwū	log cabin　小木屋
木(頭)	N	mù (tou)	wood
屋(子)	N	wū (zi)	house, room
19. 看見	VC	kànjiàn	to see, to catch sight of　看見月亮, 看見山, 看見他, 看見迎客松
20. 網	N	wǎng	net　網上
21. 靈山	PN	Líng Shān	Mt. Ling　(a mountain in the suburbs of Beijing)
22. 藏趣園	PN	Zàngqùyuán	the Tibetan Botanical Garden

（二）

陸雨平：今天的報紙來了，我寫的植樹節的消息登出來了。②

王小雲：我看看。那天很多人都去郊區植樹，一些外國人也參加了。

陸雨平：現在人人都關心北京的綠化，③因為保護環境是非常重要的事兒。

林　娜：我最擔心空氣污染。還有，聽說沙漠正一年一年地向北京靠近，最近的地方離北京還不到 100 公里。④ 這真是個大問題啊。

馬大為：北京市正在努力解決空氣污染的問題。我們也感覺得出來，現在這兒的空氣比我們剛來的時候好多了。

陸雨平：看得出來，你們也很關心北京的環保問題。現在，種樹是保護環境的重要辦法之一。北京有不少種紀念樹的活動，比如說，種結婚紀念樹、生日紀念樹、全家紀念樹甚麼的。大家不但要把樹種上，而且棵棵都要種活。我的這篇文章就是寫一位非洲外交官參加種樹的事兒。這位外交官很喜歡北京，植樹節那天，他帶着全家人種了一棵"友誼樹"。在北京的外交官們都喜歡一家一家地去參加這種活動。

林　娜：你們來看，這幾張照片是大為拍的。這張照片上是一位老人和他的小孫子在種樹。一棵一棵的小樹排得多整齊啊！天上的白雲也照上了，照得真美！

王小雲：張張照片都拍得很好。想不到，大為照相的技術還真不錯。

林　娜：你知道嗎，大為的作品還參加過展覽呢。

陸雨平：這些照片確實很好，應該在報上登出來，讓更多的人知道種樹多麼重要。

林　娜：北京既是中國的首都，又是世界有名的大都市。保護北
　　　　京的環境，跟每個在北京生活的人都有關係。⑤

馬大爲：你説得很對。保護環境就是保護我們自己。

生詞 New Words

1. 登	V	dēng	to publish (an essay, article, etc.)　登文章，登小説，登出來，登在報上
2. 綠化	V	lǜhuà	to make (a location) green by planting trees; to reforest　綠化北京，綠化小區，關心北京的綠化
3. 解決	V	jiějué	to solve　解決問題，解決問題的辦法
4. 污染	V	wūrǎn	to pollute　空氣污染，環境污染，解決污染的問題
5. 沙漠	N	shāmò	desert　沙漠化
6. 靠近	V	kàojìn	to draw near; to approach　靠近網吧，靠近牆，靠近大門，靠近北京，向北京靠近
近	A	jìn	near; close　最近的地方
7. 市	N	shì	city; municipality　北京市，上海市
8. 紀念	V	jìniàn	to commemorate　紀念品，紀念樹，紀念這位文學家，紀念活動
9. 活	V/A	huó	to live / alive　活的花兒，活的樹，活的蝦，種活，養活
10. 外交官	N	wàijiāoguān	diplomat　非洲外交官，在北京的外交官們
外交	N	wàijiāo	diplomacy　外交人員，外交工作，外交活動
11. 確實	Adv	quèshí	really; indeed　確實很好，確實不錯

12.	首都	N	shǒudū	capital	中國的首都，國家的首都
13.	都市	N	dūshì	city; metropolis	大都市，有名的都市
14.	關係	N	guānxì	relation; relationship	跟每個人都有關係，沒關係，建立外交關係，關係很好
15.	植樹節	PN	zhíshù Jié	Arbour Day	過植樹節
	植樹	VO	zhíshù	to plant trees	到山上植樹
16.	非洲	PN	Fēizhōu	Africa	

補充生詞 Supplementary Words

1.	熊貓	N	xióngmāo	panda
2.	搶救	V	qiǎngjiù	to save; to rescue
3.	決定	V	juédìng	to decide
4.	動物園	N	dòngwùyuán	zoo
5.	竹葉	N	zhúyè	bamboo leaf
6.	肥	A	féi	fat
7.	腿	N	tuǐ	leg
8.	耳朵	N	ěrduo	ear
9.	眼睛	N	yǎnjing	eye
10.	墨鏡	N	mòjìng	sunglasses
11.	留	V	liú	to stay
12.	使者	N	shǐzhě	envoy

13. 野生動物保護協會　PN　Yěshēng Dòngwù Bǎohù Xiéhuì

the Association for the Protection of the Wildlife

① 年年都有很多中小學生來這兒過夏令營。

"Many primary and middle-school students come here every year to attend summer camp."

"中小學生" is the abbreviated way of saying "middle school and primary school students". Similarly, "中國學生和外國學生" can be abbreviated as "中外學生"; "北京大學" as "北大"; and "環境保護" as "環保". Note that one cannot just abbreviate at will. For example, "北京郊區" can be abbreviated as "京郊", but not as "北郊", because "北郊" means "北部郊區" (northern outskirts).

② 我寫的植樹節的消息登出來了。

"My article on Arbour Day was published in the newspaper."
In China, Arbour Day is March 12th.

③ 現在人人都關心北京的綠化。

"Now everyone is concerned with the afforestation of Beijing."

Some adjectives or nouns can combine with the suffix "化" to form the verbs that indicate the changes into the states represented by the adjectives or nouns (A/N+化). For example, 綠化, 美化, 淨化, 簡化, 正常化, 一般化, 中國化, 歐化, 兒化. Sometimes, "A/N+化+N" can form part of a noun, such as "簡化字" (simplified characters).

④ 聽說沙漠正一年一年地向北京靠近，最近的地方離北京還不到100公里。

"It is said that the desert is drawing nearer to Beijing year by year. The closest point is less than 100 km away from Beijing."

The verb "到" means "達到" (arrive, reach). "到" is followed by numeral-measure word phrases. "(不)到+Num-MP" means that a certain quantity or number has (or has not) been reached. For example,

這一課的生詞還不到40個。

他到三十歲了吧?

Like "正在+V 呢", "正+V+呢" also means that an action is in progress, for example,

我去他家的時候,他正看電視呢。

⑤ 保護北京的環境跟每個生活在北京的人都有關係。

"To protect the environment of Beijing is relevant to everyone who lives in Beijing."

"跟+NP+(沒) 有關係" is often employed to indicate whether or not there is any relation between the subject and the noun or pronoun after "跟". For example,

環保問題跟每個人都有關係。

他跟這事兒沒有關係。

這件事兒跟你有沒有關係?

這事兒跟我有甚麼關係?

三、練習與運用　　Drills and Practices

重點句式　KEY SENTENCES

1. 你們爬得上去嗎?

2. 我現在還看不懂中文網上的長文章。

3. 我們也感覺得出來。

4. 這個好主意是怎麼想出來的?

5. 現在人人都關心北京的綠化。

6. 沙漠正一年一年地向北京靠近。

7. 最近的地方離北京還不到一百公里。

8. 北京既是中國的首都,又是世界有名的大都市。

9. 保護北京的環境,跟每個在北京生活的人都有關係。

1. 熟讀下列短語　Master the following phrases

(1) 看得懂　聽得懂　看得見　聽得清楚　記得住　做得完　想得到

看不懂　聽不懂　看不見　聽不清楚　記不住　做不完　想不到

買得到　唱得好　　學得會　　照得上

買不到　唱不好　　學不會　　照不上

(2) 上得去　下得來　進得去　出得來　回得去　回得來　過得去　過得來

上不去　下不來　進不去　出不來　回不去　回不來　過不去　過不來

(3) 搬得出來　爬得上來　跳得過來　騎得回去　踢得進去　拿得上來

開得進去　走不下去　游得過去　跑不回來　踢不進去　拿不上去

(4) 想出來　　　寫出來　　看出來　　聽出來　　回答出來

想得出來　　寫得出來　看得出來　聽得出來　回答得出來

想不出來　　寫不出來　看不出來　聽不出來　回答不出來

感覺出來　　　翻譯出來

感覺得出來　　翻譯得出來

感覺不出來　　翻譯不出來

(5) 人人　事事　家家　步步　年年　月月　日日　天天　次次

張張照片　個個學生　個個生詞　件件事情　篇篇文章

間間住房　座座大樓　座座小山　盆盆花兒　場場比賽

種種植物　條條大街　棵棵樹　　本本書

一年一年地　一天一天地　一步一步地　一家一家地

一個一個地　一次一次地　一棵一棵的　一個一個的

一盤一盤的　一本一本的　一張一張的　一輛一輛的

2. 句型替換　Pattern drills

(1) 他<u>看得懂</u>這篇文章嗎？

他看得懂。

看	見	山上的松樹
聽	懂	這個故事
借	到	那本小說
記	住	這麼多的生詞

(2) 你<u>做</u>得<u>完</u>做不<u>完</u>今天的<u>練習</u>？
　　我做不完今天的練習。

看	清楚	老師寫的字
買	到	那種揹包
辦	完	這些事兒
找	到	他的自行車

(3) <u>汽車</u>上得來上不來？
　　<u>這兒路不好</u>，上不來了。

小孩	下	他有點兒怕
你	回	我有很多事兒
她	過	人太多
大桌子	進	門太小

(4) <u>植樹節的消息登</u>出來了沒有？
　　植樹節的消息登出來了。

那篇文章	寫
他要的這本書	找
書上的問題	回答
解決污染的辦法	想

(5) 現在大家都關心城市的綠化嗎？
　　現在<u>人人</u>都關心城市的綠化。

注意保護環境	家家
認真鍛煉身體	人人
怕環境污染	個個

(6) 他們正做甚麼呢？
　　他們正<u>一步一步</u>地往山上爬呢。

一課一課	復習生詞
一盆一盆	澆花兒
一間一間	打掃宿舍

3. 課堂活動 Classroom activities

(1) One student provides a word, and other students use the "跟＋N/Pr＋有/沒關係" pattern to construct a sentence. For example,

　　　A：紙

　　　B：紙是我自己買的，多用紙跟別人沒關係。

　　　C：紙是木頭做的，多用紙跟保護環境有關係。

　　　……

(2) One student provides a word, and other students use the "既……,又……"

pattern to construct a sentence. For example,

A：公園

B：在公園既能鍛煉身體，又能看書。

C：公園的環境既優美又安靜。

……

4. 會話練習 Conversation exercises

IDIOMATIC EXPRESSIONS IN CONVERSATION

你們可能不知道 (Perhaps you don't know...)

看得出來 [...one can tell / see (that)...; it is evident (that)...]

想不到 [it's unexpected (that)...]

跟……有關係 (has / have something to do with...)

你說得很對 (You are absolutely correct.)

[表示可能 Indicating a possibility]

(1) A：今天中午你在餐廳見得到小張嗎？

B：我見得到他。有甚麼事兒？

A：請你把這本書給他，好嗎？

B：沒問題。

(2) A：咱們一起來照張相吧。這樣站，行嗎？

B：力波，你得向宋華靠近一點兒，要不，就照不上了。

(3) A：喂，大爲在嗎？

B：哪位？請大點兒聲，我聽不清楚。

A：聽出來了嗎？我是誰？

B：對不起，我還是聽不出來。

[表示擔心　Expressing concern]

(1) A：你覺得這次足球賽的結果會怎樣？

B：怎麼說呢？我們系足球隊剛剛建立，說實在的，我有點兒擔心。

A：可不，我擔心的是大宋可能不參加，他是隊裡技術最好的。

(2) A：這麼晚了，他還沒有回來。我擔心他路上會不會出問題。

B：是啊，他開車開得太快，真讓人不放心。

[引起話題　Bringing up a topic of conversation]

(1) A：你們可能不知道，今年的夏令營不辦了。

B：是嗎？真不巧，我朋友今年想參加夏令營。

(2) A：真想不到，今天會到31度。

B：是啊，昨天還不到20度。

(3) A：對了，去植物園參觀的事兒你告訴林娜了沒有？

B：我還沒有找到她呢。我說，上次你借的那本書，看完了沒有？

5. 看圖説話 Describe the following pictures

搬……進來　搬……上去

跳……過來　爬……上去

6. 交際練習 Communication practice

(1) While travelling in Guangzhou, someone speaks Cantonese to you. What would you say?

(2) Discuss something that you are worried about with your friends.

Afterwards, write down what you have said.

四、閱讀和復述　Reading Comprehension and Paraphrasing

熊貓是中國的國寶

　　熊貓又叫大熊貓,是中國特有的珍貴動物。它們只生活在中國西部的一些地方,那兒是 2000 米到 4000 米的高山和樹林。因爲環境的變化,熊貓已經越來越少了。中國人把熊貓叫做"國寶",正在用各種辦法搶救它。全世界的人也都喜歡它,關心它。中國已經給很多國家送去了熊貓。

　　以前在我們國家看不到大熊貓。中國野生動物保護協會決定,要把大熊貓美美和田田送給我們國家的一個城市動物園。昨天我和一位中國朋友去北京動物園看這兩隻大熊貓。我們來到熊貓館的時候,它們正在吃竹葉,樣子既可愛,又可笑:肥肥的身體,短短的腿。頭那麼大,耳朵那麼小,眼睛像戴着墨鏡一樣。它們不停地走過來走過去。有個小朋友大聲地說:"美美! 田田! 你們就要去外國了,讓我給你們照張相吧! "美美和田田好像聽懂了小朋友的話,它們站在竹子下邊,看着那個小朋友,好像在問:"我們這麼站着,怎麼樣? 你照得上嗎? "

　　我問旁邊的一個小姑娘:"美美和田田就要坐飛機出國了, 你以後就看不到它們了,你希望它們留在這兒嗎? "

　　"當然希望它們留在這兒。可是,外國小朋友也很喜歡大熊貓,他們也都想早點兒看到美美和田田。"小姑娘非常認真地回答。

　　我看着美美和田田,看着這些可愛的小朋友,心里想,"這兩隻可愛的大熊貓眞是中國人民的友好'使者'啊。"

1. 可能補語(1)　Potential complement (1)

"得/不" is inserted between a verb and a resultative or directional complement to indicate whether or not a certain result can be attained or a certain status can be achieved.

V + 得 / 不 + Resultative / Directional Complement

看	得	懂		(can understand after reading)
做	不	完		(cannot finish doing)
上	得		去	(can get up)
爬	不		上去	(cannot climb up)

The V/A-not-V/A question for a sentence with a potential complement is "V+得+complement+V+不+complement". When the verb is followed with an object, the object is placed after the potential complement. For example,

A：你看得見看不見那個小木屋？

B：小木屋在哪兒？ 我看不見。

A：下午五點鐘你回得來回不來？

B：我回得來。

Notes:　(1) The negative form of the potential complement is used more frequently than the positive form. It indicates that due to a lack of certain subjective or objective condition(s), the action will not be able to achieve a certain result or reach a certain status. This notion usually can only be expressed by using the potential complements and not with optative verbs. For example,

我只學了一年漢語,現在看不懂《紅樓夢》。

(One cannot say：⊗"我只學了一年漢語,現在不能看懂《紅樓夢》。")

老師說得太快,我聽不懂。

(One cannot say：⊗"老師說得太快,我不能聽懂。")

山很高,我爬不上去。

(One cannot say：⊗"山很高,我不能爬上去。")

他想了很長時間,想不出好辦法來。

(One cannot say:⊗"他想了很長時間,不能想出好辦法來。")

(2) The positive form of the potential complement is rarely used. It is only used to ask or answer a question with a potential complement. For example,

A：你坐在後邊,聽得清楚嗎?

B：我聽得清楚。

2. "出來"的引申用法　Extended use of "出來"

The construction "V+出來" indicates that an action has caused the appearance or the emergence of some result or thing. For example,

植樹節的消息登出來了。

這個好主意是怎麼想出來的?

他一定要寫出一篇好文章來。

這個句子錯了,你看得出來嗎?

3. 名詞、量詞和數量詞短語的重疊　The reduplication of nouns, measure words, and numeral-measure word phrases

Some reduplicated nouns and measure words denote the inclusion of the entirety without exception and are often used as subjects or attributes. For example,

現在人人都關心北京的綠化。

他們個個都喜歡用筷子。

件件衣服都小了。

篇篇文章都寫得很好。

Note: Reduplicated nouns and measure words cannot be used as the objects or attributes of objects. For example, one cannot say:⊗"我告訴人人。"⊗"我喜歡張張照片。"

Reduplicated time words can be used as adverbials. For example,

他天天都打太極拳。

他去博物館參觀了很多次,次次都覺得很有意思。

Reduplicated numeral-measure word phrases, mainly of the reduplicated pattern of "一+M", are used as adverbials that denote the manner of an action, meaning "one after another". "地" must be added at the end of the phrase. For example,

我們一步一步地往上爬吧。(step by step)

他們的漢語水平正一天一天地提高。(day after day)

他一張一張地把照片給大家看。(one by one)

小學生排着隊,兩個兩個地走進餐廳。(two by two)

Reduplicated numeral-measure word phrases are used as the attributes that denote the description of something, meaning "many" or "every". "的" must be added at the end of the phrase. For example,

一棵一棵的小樹種得多整齊啊!

一盤一盤的水果放在桌子上。

一個一個的問題都回答對了。

4. 既……,又……　The construction "既……,又……"

This structure is used to denote two concurrent qualities or situations. For example,

學生們既能欣賞自然景色,又能接受保護環境的教育。

北京既是中國的首都,又是世界有名的大都市。

她既聰明又漂亮。

六、字與詞　Chinese Characters and Words

構詞法(7):附加式 ①　Word formation methods (7): The method of attachment ①

In a word formed in this method, the main character indicates the meaning of the word. The attached character indicates a grammatical notion. The words that are formed by attachment can be classified into two categories: front-attached or back-attached words. For example,

"第" is attached in front of numerals to denote ordinal numbers, e.g. 第一,第二,第三,第十一.

"老" is attached in front of monosyllabic surnames to make a form of address for acquaintances, e.g. 老張,老李.

Some words are also formed in this way, e.g. 老師,老闆.

When on a boat tour of the Three Gorges of the Yangtze River, Ma Dawei felt a bit dizzy and lost his appetite. Xiao Yanzi took good care of him. The next day, either because he had a good night's sleep, or owing to Xiao Yanzi's care, Ma Dawei recovered and was able to enjoy the scenery of the "Goddess Peak".

第三十四課 Lesson 34

神女峰的傳説

一、課文　　　Texts

（一）

小燕子：大爲，吃飯了。

馬大爲：我站起來就頭暈，不想吃。再説，船上的菜個個都辣，① 我可吃不下去。②

【補充説明】
Making additional remarks

小燕子：前幾天，四川菜你吃得很高興啊！而且，你還講過一個故事：有三個人比賽吃辣的，一個是四川人，他説不怕辣，一個是湖北人，他説辣不怕，一個是湖南人，他説怕不辣。你説你是怕不辣的，今天怎麽又説四川菜太辣？③ 是不是暈船啊？

馬大爲：不知道。

小燕子：喝點兒可樂吧。

馬大爲：這可樂的味兒也不對了。好像也有辣味兒了，跟我在美國喝的不一樣。

小燕子：可樂哪兒來的辣味兒？

馬大爲：我不想喝。這兒連空氣都有辣味

兒，我覺得全身都不舒服。

小燕子：暈船的藥你吃了沒有？④

馬大爲：暈船的藥我帶來了，可是沒找着。我不記得放在哪兒了。

小燕子：沒關係，我到醫務室去，給你要點兒。

馬大爲：謝謝。

……

小燕子：暈船藥要來了。你把它吃下去，一會兒就好了。

馬大爲：剛才我睡着了。船開到哪兒了？好像停住了。外邊安靜

得聽不見一點兒聲音。我想出去看看。

小燕子：你可別出去。颱風了，外邊有點兒涼。你應該吃點兒

甚麼。

馬大爲：我頭暈好點兒了。不過，還不想吃東西，就想睡覺。

小燕子：那你就再睡一會兒吧。快到三峽的時候，我一定叫你。

【表示強調】
Stressing a point

生詞 New Words

1. 傳説	N	chuánshuō	legend	三峽的傳説，神女峰的傳説
2. 暈	V	yūn	to feel dizzy	頭暈，覺得頭暈，有點兒暈
3. 再説	Conj	zàishuō	what's more	
4. 船	N	chuán	boat; ship	坐船，上船，開船，在船上，船上的菜
5. 辣	A	là	hot; spicy	辣的菜，不辣的菜，喜歡辣，個個都辣
6. 可	Adv	kě	really; truly; indeed	可吃不下去，可別出去

7. 講	V	jiǎng	to speak; to tell; to explain	講故事，講課文，講生詞，講語法，講話
8. 怕	V	pà	to fear, to be afraid of	怕小偷，怕發燒，怕頭暈，怕坐船，怕考試，怕麻煩，怕髒，不怕辣，怕不辣
9. 暈船	VO	yùnchuán	seasickness	怕暈船，有點兒暈船，暈船藥
10. 可樂	N	kělè	cola; soft drink; coke	喝點兒可樂
11. 味兒	N	wèir	taste; flavour	辣味兒，可樂的味兒，菜的味兒
12. 連	Conj	lián	even	連空氣也有辣味兒
13. 醫務室	N	yīwùshì	clinic	學校醫務室
14. 着	V	zháo	(used after a verb as a complement to indicate the result of the action)	睡着，睡不着，找着，買不着
15. 颳	V	guā	to blow	颳風
16. 涼	A	liáng	cool; cold	外邊有點兒涼，天氣很涼，水有點兒涼，菜涼了，涼水
17. 神女峰	PN	Shénnǚ Fēng	Goddess Peak	
18. 四川	PN	Sìchuān	Sichuan Province	
19. 湖北	PN	Húběi	Hubei Province	
20. 湖南	PN	Húnán	Hunan Province	
21. 三峽	PN	Sānxiá	the Three Gorges of the Yangtze River	

小燕子：快起來，我們去看日出。

馬大爲：你先去吧。我把咖啡喝了
就去。

小燕子：你今天好點兒了吧？昨天還
沒有到神女峰呢，就被神女
迷住了，暈得連可樂也不想
喝了。

馬大爲：別提了，昨天我是暈了。⑤
既有美麗的神女，又有從早到晚爲我忙的小燕子，你們
把我迷住了。

小燕子：你又來了。⑥

馬大爲：三峽實在是太美了！李白的一首詩我記住了兩句：
"兩岸猿聲啼不住，輕舟已過萬重山。"

小燕子：我看應該說 "大爲頭暈止不住，遊船已過萬重山"。

馬大爲：小燕子，你又開玩笑了。我們一起來欣賞三峽景色吧。

小燕子：三峽有很多傳說，最感人的
是神女峰的傳說。

【叙述】
Telling a story

馬大爲：你說說。

小燕子：神女峰是三峽最有名、最美的山峰。很久很久以前，
西王母讓她美麗的女兒來三峽，爲來往的大船小船指
路。⑦她日日夜夜地站在那兒，後來就成了神女峰。

馬大爲：三峽的景色真像是一幅中國山水畫。坐船遊三峽，真

是"船在水中走，人在畫中遊"。

小燕子：過幾年你再來遊覽三峽，還會看到新的景色，那就是
世界第一大壩──三峽大壩。

生詞 New Words

1.	日	N	rì	sun, daytime　日出，看日出
2.	迷	V/N	mí	to confuse; to enchant / fan　迷住，被美麗的景色迷住了，球迷，京劇迷
3.	爲	Prep	wèi	for　爲公司工作，爲我忙，爲他擔心，爲友誼乾杯
4.	首	M	shǒu	(measure word for poems and songs, etc.)　一首歌
5.	詩	N	shī	poem　古詩，唐詩，一首詩
6.	兩岸猿聲啼不住		Liǎng àn yuán shēng tí bú zhù	
				"Monkeys on the both banks keep calling,"
7.	輕舟已過萬重山		Qīng zhōu yǐ guò wàn chóng shān	
				"But my boat has smoothly passed ranges upon ranges of mountain."
8.	止	V	zhǐ	to stop　止住，止不住
9.	遊船	N	yóuchuán	pleasure boat　坐遊船
10.	久	A	jiǔ	long (time)　很久以前，好久不見，有多久
11.	夜	N	yè	night　夜里，日日夜夜
12.	來往	V	láiwǎng	to come and to go　來往的船，來往的火車，來往的乘客
13.	指	V	zhǐ	to point out　指路
14.	山水畫	N	shānshuǐhuà	landscape painting　中國山水畫，像一幅中國山水畫
	山水	N	shānshuǐ	mountain and water; landscape

15.	壩	N	bà	dam 大壩，三峽大壩
16.	李白	PN	Lǐ Bái	Li Bai (name of a great Chinese poet of the Tang Dynasty)
17.	西王母	PN	Xīwángmǔ	The Queen Mother of the West (a figure in Chinese mythology)

補充生詞 Supplementary Words

1.	血	N	xiě	blood
2.	果樹	N	guǒshù	fruit tree
3.	打魚	VO	dǎyú	to go fishing
4.	掉	V	diào	to fall
5.	鼻烟壺	N	bíyānhú	snuff bottle
6.	工藝品	N	gōngyìpǐn	handicraft article
7.	透明	A	tòumíng	transparent
8.	珍貴	A	zhēnguì	valuable; precious
9.	收藏	V	shōucáng	to collect; to store up
10.	將軍服	N	jiāngjūnfú	a general's uniform
	將軍	N	jiāngjūn	general
11.	畫像	N	huàxiàng	portrait
12.	輪椅	N	lúnyǐ	wheelchair
13.	握	V	wò	to hold
14.	緣分	N	yuánfèn	fate or fortune by which people are brought together
15.	微笑	V	wēixiào	to smile
16.	張學良	PN	Zhāng Xuéliáng	Zhang Xueliang (name of a well-known Chinese general of the 1930s)
17.	夏威夷	PN	Xiàwēiyí	Hawaii

① 再説，船上的菜個個都辣。

"Besides, every dish on the ship is spicy hot."

The conjunction "再説" connects clauses and indicates that additional remarks will be made. A pause may appear after it. For example,

丁力波明天不去長城，他已經去過了。再説，他明天還有別的事兒。

我不太喜歡這個戲，故事太一般了。再説，幾個主要角色也演得不太自然。

The conjunction "而且" also has the function of introducing additional remarks. For example,

四川菜你吃得很高興啊！而且，你還講過一個故事。

② 我可吃不下去。

"I really cannot eat any more."

The adverb "可" is placed before a verb or an adjective to express the meaning of "truly; really; actually; indeed". It's mainly used in spoken Chinese. For example,

我可知道他的意思，他不願意來。

快考試了，可不能再看電視了。

外邊可熱鬧了。

這件事兒可不簡單。

③ 你説你是怕不辣的，今天怎麼又説四川菜太辣？

"You said that you were worried that the food was not hot enough, but today, why are you saying that the Sichuan dishes are too hot?"

The adverb "又" (4) expresses a transition between two mutually contradictory situations. The conjunction "可是" may be placed before it. For example,

她很怕冷，又不願意多穿衣服。

他剛才説要參加聚會，現在又説不參加了。

我很想把這件事兒告訴你，可是又擔心你聽了不高興。

④ 暈船的藥你吃了沒有？

"Did you take the medicine for seasickness?"

In spoken Chinese,"暈船（的）藥" refers to "the medicine for seasickness". Other examples as "感冒藥,頭疼的藥".

⑤ 別提了,昨天我是暈了。

"Don't mention it. I felt dizzy indeed yesterday."

Here,"別提了"means "do not mention that matter again". It often refers to an unpleasant event which the speaker does not want to talk about any more. For example,

別提了,這次球踢得眞糟糕。

別提了,那場音樂會水平低極了。

⑥ 你又來了。

"Here you come again."

This is a sentence one can say to a close acquaintance in order to point out his / her repetition of inappropriate words or actions. In the text, Xiao Yanzi means "you are saying flattering words again".

⑦ 爲來往的大船小船指路。

"To guide the navigation of the coming and going ships."

The prepositional phrase "爲+NP" functions as an adverbial to introduce the object of a service. For example,

小燕子從早到晚爲我忙。

他每天都爲大家服務。

The prepositional phrase "爲+NP/VP" is also used to denote a reason or purpose. For example,

我們都爲這件事着急。

爲我們的友誼,乾杯!

爲養好盆景,他買了很多書。

重點句式　KEY SENTENCES

1. 颱風了!

2. 暈船的藥你吃了沒有?

3. 我可吃不下去。

4. 剛才我睡着了。

5. 李白的一首詩我記住了兩句。

6. 他暈得連可樂也不想喝了。

7. 你説你是怕不辣的, 今天怎麼又説四川菜太辣?

8. 她爲來往的大船小船指路。

1. 熟讀下列短語　Master the following phrases

(1) 拿住　　站住　　停住　　抓住　　止住　　記住　　關住　　迷住
　　拿得住　站得住　停得住　抓得住　止得住　記得住　關得住　迷得住
　　拿不住　站不住　停不住　抓不住　止不住　記不住　關不住　迷不住

(2) 找着　　借着　　打着　　睡着　　買着　　見着　　等着　　抓着
　　找得着　借得着　打得着　睡得着　買得着　見得着　等得着　抓得着
　　找不着　借不着　打不着　睡不着　買不着　見不着　等不着　抓不着

(3) 爲我們忙　　爲大家服務　　爲大學生演奏　　　爲你的成績高興
　　爲女兒擔心　爲結業聚會　爲這件事情着急　爲我們的友誼乾杯

(4) 可喜歡了　可瞭解了　可尊重了　可不能問　可不想去　可別出去
　　可冷了　　可忙了　　可遠了　　可高興了　可熱鬧了　可認眞了
　　可倒霉了　可不簡單　可不謙虛

(5) 颱風了　下雨了　下雪了　上課了　下課了　上班了　吃飯了
　　起牀了　到站了

2. 句型替換 Pattern drills

(1) 暈船的藥你吃了嗎?
   暈船的藥我吃了。

可樂	買來了
醫務室	去了
船票	買得到
三峽的日出	看過

(2) 四川菜他吃得怎麼樣?
   四川菜他吃得很高興。

這次考試	準備	很認真
第34課語法	講	很清楚
這次活動	搞	還可以
環境保護問題	研究	很好

(3) 那本書你找着了沒有?
   那本書我沒找着。
   你還找得着嗎?
   我看,我找不着了。

那個生詞	查
到上海的火車票	買
那位女科學家	見
張教授要的房子	租

(4) 船停住了沒有?
   船停住了。

前邊的人	站
偷她的錢的小偷	抓
胳膊上的血(xiě, blood)	止
這首詩	記

(5) 這兒怎麼樣?
   這兒很安靜,連一點兒聲音也沒有。

熱鬧	舞廳	都有
不方便	一個商店	也沒有
方便	郵局	都有
熱	一點兒風	也沒有

(6) 你看得懂英文小說嗎?
   看不懂,我連一句英文也沒有學過。

會書法	不會	漢字	寫不好
認識小燕子	不認識	這個名字	沒有聽說過
參觀過兵馬俑	沒有	西安	沒去過
常去網吧	沒去過	電腦	不會用

(7) 大家都爲他高興。

環境污染	擔心
等公共汽車	着急
生病的同學	做了很多事兒
知識大賽	做準備

(8) 咱們喝點兒甚麼吧。

好吧。

去哪兒玩玩
找誰問問路
請誰幫一下
甚麼時候去看看老師

3. 課堂活動　Classroom activity

A student says a sentence. Another student uses "又" to express a transition and the opposite situation. For example,

A：明天我想去長城，

B：又怕會下雨。

C：又想在學校看球賽。

……

4. 會話練習　Conversation exercises

IDIOMATIC EXPRESSIONS IN CONVERSATION
別提了　(Don't mention it.)
你又來了　(Here you come again.)
一會兒就好了　(I will be fine in a minute.)
很久很久以前　(A long, long time ago)

[補充説明　Making additional remarks]

A：春節你打算去旅遊嗎？

B：天氣太冷，我不想去。再説，我還得打工，掙點兒錢。

A：冬天旅遊是差點兒。可是，我已經買好了遊三峽的船票，而且我還跟我朋友説好了，我們一起去。

[表示強調　Stressing a point]

A：你們家來的電話吧？你們那兒現在情況怎麼樣？

B：這幾年，我們那兒變化可大了。我們家雖然在農村，可是人們的生活跟城里人差不多。現在家家都有電視、電話甚麼的。有的人還買了汽車，他們賣蔬菜、水果都用汽車送。連小孩上中學也不用到城裡去了，我們村有中學，也有醫院了。

A：你們那兒是發展得很快。我們家那兒，農民的生活水平還很低，農民掙錢可不容易了，有的連孩子上小學都有問題。不過，現在很多技術人員去我們那兒幫助農民種果樹（guǒshù, fruit tree）。再過幾年，農民的生活一定會好一些。

[叙述　Telling a story]

A：神女峰的傳説可不少，我再給你們講一個，怎麼樣？

B：好啊。

A：很久很久以前，在這個山頂上住着年輕的丈夫和妻子，丈夫每天都去江里打魚（dǎyú, to go fishing），妻子在家里做飯、洗衣服。她每天做好晚飯以後，就站在山頂上看着江水，等着丈夫回來。一天，丈夫又到長江上打魚去了。到了晚上，丈夫還沒有回來。這時候，颳起了大風，下起了大雨。小船被撞壞了，丈夫掉（diào, to fall）到江裡。他妻子在家裡非常着急，就爬到山頂上，看着江水，等他回家。

B：後來呢？

A：後來時間一天一天地、一年一年地過去了，她丈夫到現在也沒有回來，她還在那兒等着。

B：哦，這個神女看着江水，還真像那位年輕的妻子在等她的丈夫。

5. 看圖説話 Describe the following pictures

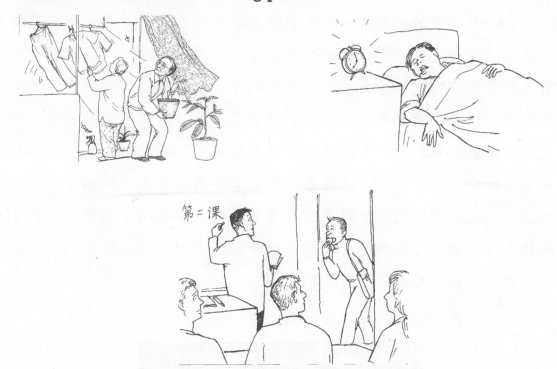

第二课

6. 交際練習 Communication practice

Tell one of your favourite legends or stories. Write it down after you tell it.

四、閱讀和復述　Reading Comprehension and Paraphrasing

張學良的鼻烟壺

鼻烟壺是中國傳統的工藝品，已經有 200 多年的歷史了。它是用一種特別的畫筆，在透明的鼻烟壺里畫畫。有名的工藝美術家畫的鼻烟壺，是很珍貴的藝術品。

張學良先生最大的愛好是收藏鼻烟壺。1992 年，他收到了一份讓他感到驚奇的禮物，那是一個鼻烟壺。鼻烟壺里畫了張學良年輕時穿着將軍服的畫像。張先生得到這份珍貴的禮物，非常高興，把它放在牀邊的小桌上時時欣賞。他以爲這一定是一位很有經驗的老畫家的作品。因爲現在能在鼻烟壺內作畫的人已經越來越少了。

　　1998 年，中國在美國夏威夷舉辦工藝美術展覽。每天來參觀展覽的人很多。當時，張將軍已經快一百歲了，他聽說展品中有鼻烟壺，就坐著輪椅來參觀展覽。張先生沒有想到的是，那位爲他畫像的工藝美術家也來了。張先生更沒有想到的是，他會是一位這麼年輕的藝術家。張先生熱情地握住年輕人的手，很高興地對他説："我今天能在這兒見到你，眞是緣分啊！緣分啊！"這位年輕藝術家告訴張先生，他爲了完成這幅作品，到北京圖書館查了很多書，看了不少有關張將軍的圖片。張先生和張夫人感到非常高興，他們跟這位年輕的藝術家一起照了相。在照片上，這位百歲老人正向我們微笑呢！

五、語法　　　Grammar

1. 主謂謂語句(2) Sentences with a subject-predicate phrase as the predicate (2)

　　In a sentence with a subject-predicate phrase as the predicate, the subject of the whole sentence (Subject 1) is the receiver of the action denoted by the predicate (Predicate 2) in the subject-predicate phrase, which acts as the predicate of the whole sentence(Predicate 1).

Subject 1	Predicate 1	
	Subject 2	Predicate 2
暈船的藥	你	吃了沒有？
新漢語詞典	同學們	都　　買到了。
張教授講的課	我	現在還　聽不懂。
四川菜	你	吃得很高興啊！
這兒的風俗習慣	他	瞭解得很多。

　　Although the subject receives the action of the sentence, it is what the whole sentence describes. Compare the following:

　　　　暈船的藥我吃了。（暈船的藥呢？暈船的藥怎麼樣？）

　　　　我吃暈船的藥了。（你做甚麼了？你怎麼樣？）

2. 疑問代詞表示虛指　Interrogative pronouns of indefinite denotation

Besides forming questions or rhetorical questions, interrogative pronouns can also be used to denote a person, thing, time, location, or manner that is unknown or uncertain to the speaker, or that the speaker is unable or unwilling to tell. For example,

你應該吃點兒甚麼。

我不記得放在哪兒了。

這件事兒好像誰告訴過我。

我不知道怎麼扭了一下胳膊。

3. "着、住"作結果補語　"着" and "住" as the resultative complements

The construction "V+着" is used to indicate that the goal or a certain result of an action has been achicved. For example,

暈船的藥我沒找着。

他要的那本書我借着了。

剛才我睡着了。

"V+住" is used to indicate that the position of a person or thing has been stabilized through an action. For example,

船好像停住了。

請站住。

小偷被抓住了。

李白的一首詩我記住了兩句。

Combining verbs plus "着" or "住" can also form the potential complements. For example, 找得着, 睡不着, 記不住, 止不住.

4. 無主句　The subjectless sentence

Some Chinese sentences actually do not have subjects (not with the subjects omitted). Most of them consist of a verb‐object phrase and generally describe natural phenomena. For example,

下雨了。

下雪了。

颱風了。

Some of these sentences indicate the emergence of a new situation. For Example,

上課了，請大家不要再說話。

吃飯了，咱們先復習到這兒。

5. 連……也/都…… The construction "連……也/都……"

The structure "連 X 也/都……" is used for emphasis. "X" is the emphasized part placed after the preposition "連". The adverb "也" or "都" follows the emphasized part. This structure is used to indicate a comparison: "even X is this way, let alone the others". For example,

這兒連空氣都有辣味兒。　　　　　　　　（個個菜都是辣的）

你暈得連可樂也不想喝了。　　　　　　　（別的事兒更不想做了）

他連吃藥、喝水都要別人幫助，病得不輕。（他不能起牀，不能上班）

我連他姓甚麼也不知道。　　　　　　　　（我不瞭解他）

六、字與詞　Chinese Characters and Words

構詞法 (8)：附加式② Word formation methods (8): The method of attachment ②

Suffixes are put after single or compound words to form new words.

(1) The suffix "子" is put after single or compound words to form nouns. For example,

刀子　叉子　杯子　盤子　筷子　瓶子　桌子　妻子

兒子　孫子　孩子　房子　嗓子　本子　樣子　小夥子

(2) The suffix "兒" (not a syllable itself) is put after single or compound words to form nouns. For example, 花兒, 畫兒, 點兒, 事兒.

The suffix "兒" can also be attached to a few specific verbs to form a retroflex ending. For example, 玩兒.

> Note: The suffixes "子" and "兒" should be read in the neutral tone. When they do not function as suffixes, they should not be read in the neutral tone. For example, 孔子, 男子, 女兒.

(3) The suffix "者" is put after some verbs to form nouns. For example, 記者, 作者, 譯者, 讀者, 愛好者, 工作者, 學習者.

(4) The suffix "化" is put after nouns or adjectives to form verbs. For example, 綠化, 科學化.

(5) The suffix "家" is put after nouns or verbs to form nouns. For example, 文學家, 科學家, 藝術家, 畫家.

Wang Xiaoyun is talking with her mother about buying a car. They have an argument because of their different ideas on consumption. This lesson will give you an idea of the "generation gap" between them.

第三十五課 Lesson 35

汽車我先開着

一、課文　　Texts

王小雲：媽，開始工作以後，我就要買汽車。

母　親：甚麼？你現在還沒開始工作，就想買汽車？真不知道
　　　　你每天都在想些甚麼！

王小雲：這跟工作沒關係。

母　親：怎麼沒關係？年輕人騎着自行車上
　　　　班，不是挺好的嗎？既鍛煉了身體，
　　　　又節約了錢。你爸爸一輩子都這樣。爲甚麼你就不能向

【責備和質問】
Reproaching and
questioning

-138-

你爸爸學習呢?

王小雲: 都21世紀了, 還騎自行車上班!① 自己開車多方便, 我想去哪兒就去哪兒! 再說, 開車最少比騎車快一倍, 可以節約二分之一的時間。您知道嗎? 時間就是生命, 時間就是金錢。

母　親: 就是21世紀, 生活也得艱苦樸素, 也得勤儉過日子。

王小雲: 大家都艱苦樸素, 國家生產的汽車怎麼辦? 都讓它們在那兒擺着? 經濟怎麼發展?

母　親: 買汽車是有錢人的事兒。② 我和你爸爸都沒錢, 你甚麼時候掙夠了錢, 甚麼時候再買汽車。

王小雲: 您別管, 我自己會想辦法。

母　親: 你還能想出甚麼辦法來? 告訴你, 你可別想着我們的那點兒錢啊。那是我和你爸爸一輩子的積蓄。

王小雲: 您放心吧, 您的錢我一分也不要。我想好了, 等我工作以後, 我就去向銀行貸款。③

母　親: 貸款買車? 你瘋了!

王小雲: 媽, 現在貸款買車的人越來越多了。

生詞 New Words

1. 挺	Adv	tǐng	(Coll.) very; quite　挺好, 挺辣, 挺清楚 挺自然
2. 節約	V	jiéyuē	to save; to economize　節約錢, 節約水, 節約紙, 節約時間
3. 一輩子	N	yíbèizi	for all / throughout one's life; lifetime 一輩子謙虛, 一輩子辛苦, 一輩子都這樣, 工作了一輩子, 研究了一輩子

4. 世紀	N	shìjì	century 21 世紀，上個世紀，下半個世紀，新世紀
5. 倍	M	bèi	times; multiples; -fold 一倍，快一倍，多兩倍，提高三倍
6. ……分之……		……fēnzhī……	(used to express a fraction or percentage) 二分之一，五分之二，百分之二十
7. 生命	N	shēngmìng	life 人的生命，時間就是生命
8. 金錢	N	jīnqián	money 節約金錢，時間就是金錢
金(子)	N	jīnzi	gold
9. 就是	Conj	jiùshì	even if
10. 艱苦	A	jiānkǔ	arduous; hard 艱苦的生活，艱苦的工作
11. 樸素	A	pǔsù	simple; plain 艱苦樸素，衣服很樸素，生活樸素
12. 勤儉	A	qínjiǎn	hardworking and thrifty 勤儉地生活
13. 日子	N	rìzi	day; life 過日子，勤儉過日子，好日子
14. 生產	V/N	shēngchǎn	to produce / production 生產汽車，生產咖啡，生產西裝，汽車生產，提高生產
15. 經濟	N	jīngjì	economy 國家經濟，世界經濟，發展經濟
16. 管	V	guǎn	to bother about; to mind 你別管我的事兒，我不管這件事兒
17. 積蓄	V/N	jīxù	to save / savings 有點兒積蓄，一輩子的積蓄
18. 貸款	VO/N	dàikuǎn	to provide or to ask for a loan / loan 向銀行貸款，借貸款，還貸款
貸	V/N	dài	to borrow or to lend / loan
款	N	kuǎn	money 借款，還款，車款，房款
19. 瘋	A	fēng	mad; crazy 你瘋了，瘋子

母　親：貸款不就是借債嗎？你爲買車借債？這就是你想的好
　　　　辦法？

王小雲：對啊！

【拒絕】
Refusing

母　親：我告訴你，不行！絕對不行！

王小雲：爲甚麼不行呢？

母　親：我這輩子一次債都沒有借過。就是過去困難的時候沒
　　　　錢買米，我也不借債。你不能給我丟人。④

王小雲：我向銀行貸款，按時還錢，這怎麼是丟人呢？

母　親：你都借錢過日子了，還不丟人？再說，銀行怎麼會借
　　　　給你錢？

王小雲：這您就不瞭解了。您以爲誰想借銀行的錢誰就能借到？
　　　　銀行的錢只借給兩種人……

母　親：哪兩種人？

王小雲：一種是有錢人……

母　親：你説甚麼？有錢人還借債？

王小雲：對。另一種是有信用的人。

母　親：你不能算第一種人吧？

王小雲：對，我不是第一種人，可我是第二種人。⑤

母　親：你有"信用"？你的"信用"在哪兒？

王小雲：您聽我說，我工作以後，有了穩定的收入，這就開

【解釋】
Making an explanation

始有了信用。我先付車款的十分之一或者五分之一，其

餘的向銀行貸款。汽車我先開着，貸款我慢慢地還着。

每年還百分之十或二十，幾年以後，我把錢還完了，車

就是我的了。我先借了錢，又按時還了錢，我的信用也

就越來越高了。那時候，我又該換新車了。我再向銀行

借更多的錢，買更好的車。我不但要借錢買車，而且還

要借錢買房子，借錢去旅遊，借錢……

母　親：這叫提高信用啊？我看，你在說夢話。

王小雲：您不知道，在商品經濟時代，信用就是這樣建立的。

跟您這麼說吧，一輩子不借錢的人……

母　親：我認爲他最有信用！

王小雲：不對。他一點兒"信用"也沒有！媽，您老的觀念跟

不上時代了，⑥ 得變一變了。您要學會花明天的錢，實現

今天的夢。這對國家、對個人都有好處。

母　親：你愛怎麼做就怎麼做，我不管。讓我借債來享受生活，

我做不到。

生詞 New Words

1. 借債	VO	jièzhài	to borrow money	向他借債
債	N	zhài	debt	還債
2. 絕對	A	juéduì	absolute	絕對不行，絕對可以，絕對乾淨，絕對不會，絕對沒有
3. 困難	A/N	kùnnan	difficult / difficulty	困難的時候，困難的日子，困難的問題，有困難，不怕困難
4. 米	N	mǐ	rice	用米做飯，沒有錢買米
5. 丟人	VO	diūrén	to lose face; to be disgraced	給我丟人，真丟人，丟人的事兒
6. 按時	Adv	ànshí	timely; promptly; on time	按時還錢，按時還書，按時交錢，按時交練習，按時復習
7. 信用	N	xìnyòng	credit	有信用，沒有信用，建立信用，提高信用
8. 穩定	A	wěndìng	stable	穩定的收入，穩定的生活，穩定的關係
9. 付	V	fù	to pay	付款，付車款
10. 其餘	Pr	qíyú	the other; the rest	其餘的人，其餘的貸款，其餘的債
11. 夢話	N	mènghuà	words uttered in one's sleep; nonsense	說夢話
夢	N	mèng	dream	做夢，今天的夢
12. 商品經濟	N	shāngpǐn jīngjì	commodity economy	商品經濟時代
商品	N	shāngpǐn	commodity; goods	商品很多，商品生產
13. 跟	V	gēn	to follow	跟誰，跟得上，跟不上他
14. 觀念	N	guānniàn	concept	新的觀念，舊的觀念

15. 時代	N	shídài	times; era	新時代，商品經濟時代，跟得上時代
16. 變	V	biàn	to change	觀念變了，看法變了，主意變了，習慣變了,方式變了，天氣變了，時代變了，意思變了
17. 實現	V	shíxiàn	to realize	實現今天的夢，實現打算，實現建議，實現綠化
18. 好處	N	hǎochù	advantage; benefit	有好處，沒有好處，對國家有好處
19. 享受	V/N	xiǎngshòu	to enjoy / enjoyment	享受生活

補充生詞 Supplementary Words

1. 高薪	N	gāoxīn	high salary
2. 窮人	N	qióngrén	poor people
3. 亂	A	luàn	disordered; messy; chaotic
4. 消費	V	xiāofèi	to consume
5. 追求	V	zhuīqiú	to seek
6. 大部分		dàbùfen	the greater part
7. 存款	N	cúnkuǎn	bank savings
8. 交際	N	jiāojì	social relations; communication
9. 今朝有酒今朝醉		jīnzhāo yǒu jiǔ jīnzhāo zuì	"Get drunk while there is still wine"; indulge oneself for the moment without caring about the future
10. 奮鬥	V	fèndòu	to struggle
11. 美德	N	měidé	virtue

① 都21世紀了，還騎自行車上班！

"(It's) already the twenty-first century. Still going to work by bike?"

In spoken Chinese, the adverb "都" is used to express the idea of "已經". For example,

你都借錢過日子了，還不丟人？

都十一點半了，他還不睡覺。

② 買車是有錢人的事兒。

"Buying a car is only a matter of concern of the rich."

"有錢人"means "people who are wealthy; the rich".

③ 等我工作以後，我就去向銀行貸款。

"After I find a job, I will apply for a loan from a bank."

The pattern "等+VP/S-PP（+的時候/以後）" is generally used in an expression put before the main clause to indicate the time when the action in the main clause takes place."等" suggests that there is still a length of time before something happens. In the main clause, we often use the words like "就，再，才". For example,

等吃了飯，咱們就走。

等回國以後，我就去看她。

等他上班的時候你們再去找他。

等我打完電話，才發現陳老師已經走了。

④ 你不能給我丟人。

"You must not let me lose face."

The verb "給" means "to let; to make". It is used in the same way as"叫" and "讓". We may also say "你不能讓我丟人". "給" is frequently used in spoken Chinese.

⑤ 對,我不是第一種人,可我是第二種人。

　　"Right. I am not the first kind of person, but I am the second kind."

　　Here, "可" means "可是".

⑥ 您老的消費觀念跟不上時代了。

　　"Your idea of consumption is behind the times."

　　The character "老" is used after "您" or a surname to show respect. We generally use "您老" when speaking to elderly people, and we use "老" after a surname to address an old person with erudition or a high social status. For example, 張老,王老.

三、練習與運用　Drills and Practices

重點句式　KEY SENTENCES

1. 我想去哪兒就去哪兒!
2. 你甚麼時候掙夠了錢甚麼時候再買汽車。
3. 您以為誰想借銀行的錢誰就能借到?
4. 你愛怎麼做就怎麼做。
5. 他一點兒"信用"也沒有!
6. 您的錢我一分也不要。
7. 就是過去困難的時候沒錢買米,我也不借債。
8. 等我工作以後我就去向銀行貸款。
9. 你都借錢過日子了,還不丟人?
10. 開車最少比騎車快一倍,可以節約二分之一的時間

1. 熟讀下列短語　Master the following phrases

(1) 快一倍　　貴兩倍　　大五倍　　　多十倍

　　車款的十分之一　　　房款的五分之四

　　還了貸款的百分之十　　節約了二分之一的時間

(2) 都21世紀了　都20歲了　都11點了　都兩年了　都看過三遍了

(3) 等我有空兒的時候　　等中秋節的時候　　等我工作以後

等他有了房子以後　　等雨停了以後

(4) 哪兒好玩兒就去哪兒　　　　喜歡住哪兒就住哪兒

在哪兒上班就在哪兒休息　　我走到哪兒小狗就跟到哪兒

甚麼便宜就買甚麼　　　　　甚麼時候方便就甚麼時候來

想說甚麼就說甚麼　願意給誰就給誰　　喜歡誰就送給誰

誰的東西誰就拿走　誰想參加誰就參加　　怎麼教就怎麼學

想怎麼吃就怎麼吃　願意怎麼寫就怎麼寫　他怎麼問你就怎麼回答

2. 句型替換　Pattern drills

(1) 你甚麼時候買車？

甚麼時候掙夠了錢就甚麼時候買車。

我	來找你	你有時間
我們	吃飯	做好飯
你們	結婚	合適
他們	買房子	能向銀行貸款

(2) 咱們去哪兒？

你想去哪兒就去哪兒！

買點兒甚麼	甚麼便宜就買甚麼。
送她甚麼禮物	她喜歡甚麼禮物就送她甚麼禮物。
讓誰演主角	誰演得好就讓誰演。
怎麼去劇場	怎麼方便就怎麼去。
買多少紙	你要用多少就買多少。

(3) 他有沒有信用？

他一點兒信用也沒有！

王老師	時間	一點兒
你	真絲襯衫	一件
她	中文古書	一本
夏令營	書法愛好者	一個
這個越劇團里	男演員	一個

(4) 這些傳説你聽説過嗎？

這些傳説我一個也沒聽説過。

油畫	喜歡	一幅也不
辣的菜	想吃	一個也不
問題	研究過	一個也沒
事兒	知道	一點兒也不

(5) 你向別人借過債嗎？

沒有。就是沒錢買米我也不向別人借債。

明天參加植樹	參加	別人都不參加	要參加
想學中國畫	想	困難很大	要學
管過你的弟弟妹妹	沒有	他們讓我管	不管
認為現在要艱苦樸素	要	我很有錢	要艱苦樸素

(6) 這兩輛汽車哪輛貴？

這輛汽車比那輛貴一倍。

(條)河	長	兩倍
(間)房子	大	三分之一
(棵)樹	高	五分之二
(個)學校的學生	多	百分之二十五

(7) 你現在就要換新車嗎？

不，等有了一些積蓄以後再換新車。

走	雨停了
出發	小張來了
養花	買了房子以後
下棋	有空兒的時候

3. 課堂活動 Classroom activity

Do the following mathematic problems in Chinese with your classmates. One student asks a question and another student gives the answer. For example,

三的五倍是多少？

八十的四分之一是多少？

英語系學生有 800 人，漢語系學生是英語系學生的 25%，漢語系學生是多少人？

4. 會話練習 Conversation exercises

> **IDIOMATIC EXPRESSIONS IN CONVERSATION**
>
> 您聽我説 (Let me explain it.)
>
> 這您就不懂了 (This is something you don't understand.)
>
> 你別管 (Don't bother.)
>
> 絕對不行 (Absolutely not.)

[責備與質問 Reproaching and questioning]

Many of the expressions in the following conversations are impolite. Pay close attention to the occasions in which they can be used appropriately.

(1) A：是你把這事兒告訴她的吧？

　　B：是啊。應該讓她知道這件事兒。

　　A：她現在身體很不好，爲甚麼你就不能等她好點兒再告訴她？眞不知道你是怎麼想的。

　　B：我覺得告訴她這件事兒跟她的身體沒關係。

　　A：怎麼沒關係？她現在都睡不好覺、吃不好飯了。

(2) A：眞不知道你是怎麼工作的，你怎麼能把這麼重要的東西搞丟了？

　　B：經理，我是很注意的，每天下班的時候我都認眞地檢查一遍。

　　A：可是東西不是丟了嗎？這叫"認眞"啊！

　　B：眞對不起。我想還有辦法，比如説……

　　A：這就是你想的好辦法？我看，你是在説夢話。

[拒絕 Refusing]

　　A：昨天的事兒我想再跟您研究一下。

　　B：那件事兒我不管。

　　A：我想您可以再找他談一次。

　　B：找他談？我做不到。就是他找我，我也不想説。我告訴你，不行，絕對不行。

[解釋 Making an explanation]

A：老張昨天為甚麼沒有跟大家一起去參觀？你們忘了告訴他了？

B：您聽我說。情況是這樣的，我們打電話通知他的時候，他不在。

A：他應該每天都在啊！

B：這您就不瞭解了。上月五號他已經退休了。

A：以後這樣的活動還應該通知他。

B：我跟您這麼說吧，以後這樣的活動可以不通知他；通知了他，他也可以不參加。

5. 看圖說話 Describe the following pictures

想要甚麼就……

想看甚麼就……

想做甚麼就……

不想得到甚麼就……

6. 交際練習 Communication practice

(1) Discuss with your classmates whether we should side Wang Xiaoyun or her mother with regard to the idea of consumption.

(2) Tell your classmates whether there is a "generation gap" between you and your parents (or the older generation) with regard to a certain issue.

After your oral presentation, write down what you have said.

高薪窮人族

　　生活裡常常看到這樣的事兒：越是拿高薪的人，越感到錢不夠用，要經常借錢花。他們每月掙得不少，可是花得更多。有錢的時候，他們就亂花，想去哪兒玩兒就去哪兒玩兒，甚麼東西貴就買甚麼。等錢花完了，他們可能就連飯也吃不上了，日子過得很困難。拿着高薪，有時過着一分錢也沒有的生活，這就是年輕的"高薪窮人族"的消費方式。

　　這些人大部分都沒有結婚。他們追求個人享受，自己掙錢自己花，不用管別人。對他們來說，花錢是一種"快樂"。他們覺得自己是在享受一種消費文化，是一種新的消費觀念。

　　高薪窮人族大部分既沒有銀行存款，又沒有自己的住房，二十幾歲還跟父母住在一起，每月只向父母交很少的一點兒飯錢，大部分收入都花在個人消費上，比如買衣服、下飯館、搞交際、上酒吧、看演出、去旅遊。這些"高薪窮人"自己並不覺得這有甚麼問題。他們的想法是：不管那麼多，先享受了生活再說。

　　他們的父母也常跟他們說，不能"今朝有酒今朝醉"地過日子，就是21世紀，生活也得艱苦樸素，也得勤儉過日子。艱苦奮鬥是中華民族的美德，甚麼時候也不能忘。可是他們認爲老人的消費觀念跟不上時代，得變一變。他們覺得花明天的錢，實現今天的夢，這對國家、對個人都有好處。他們這種生活方式是一種新的消費觀念嗎？

1. 疑問代詞表示任指 (1)　Interrogative pronouns of general denotation (1)

The same interrogative pronoun can be used twice in a sentence with reference to the same person, thing, time, location or manner. In its first occurrence, the interrogative pronoun is used in an indefinite sense, but in the second occurrence, it refers definitely to the meaning of the first interrogative pronoun. The first and second interrogative phrases are often connected with "就". For example,

> 你甚麼時候掙夠了錢甚麼時候再買車。
>
> 你想怎麼過就怎麼過！
>
> 銀行的錢不是誰想借,誰就能借到。
>
> 我想去哪兒就去哪兒！
>
> 你愛怎麼着就怎麼着。

The same interrogative pronoun can have different grammatical functions in the two clauses. For example,

> 誰有知識,我們就向誰學習。
>
> 哪種辦法好,我們就用哪種。

Note: If there is a subject in the second clause, "就" is usually placed after it. We cannot say: ⊗"銀行的錢不是誰想借,就誰能借到。" ⊗"誰有知識,就我們向誰學習。" ⊗"哪種辦法好,就我們用哪種。"

2. 分數、百分數、倍數　Fractions, percentages and multiples

In a fraction, the bottom mark is read as "分之". The denominator is read first, and then the numerator. For example,

> 3/4——四分之三
>
> 6/25——二十五分之六
>
> 1/3——三分之一

The percentage sign "%" is read as "百分之". For example,

Climate is important for travellers. China is such a big country that the climate of each region is quite distinct. Xiao Yanzi, who works as a tour guide, says that there are good itineraries for each season of the year. Let's see how she explains this.

第三十六課 Lesson 36

北京熱起來了

一、課文　　　　Texts

（一）

馬大為：小燕子，我有個朋友要來中國旅遊，他問我，甚麼季節
　　　　來比較好。中國這麼大，氣候一定很複雜吧？

小燕子：沒錯兒。從熱帶到寒帶，各種氣候中
　　　　國差不多都有。①

馬大為：北京的氣候有甚麼特點？

小燕子：一年有春、夏、秋、冬四個季節，非
　　　　常清楚。

馬大為：可是我覺得這兒只有冬天，好像沒有春天。

【談氣候】
Talking about the climate

-155-

小燕子：北京有春天。應該説：這兒的春天很短，冬天很長。

馬大爲：3月房子里的暖氣還沒停，現在都4月了，氣溫才11度，我還穿着羽絨服呢。

小燕子：是啊！從11月到第二年4月，北京天氣都很冷，常常颳大風，有時候還下雪。三四月南方各種花都開了，可是北京還比較冷，有時候人們還得穿着冬天的衣服。

馬大爲：就是。你看我就穿得這麼多，連路也走不動了。

小燕子：可是北京一到5月，天氣就熱起來了。姑娘們也開始穿裙子過夏天了。

馬大爲：我很喜歡北京的夏天。當然，最好秋天來北京旅遊。②

小燕子：對，秋天是北京最好的季節，天氣很涼快，不颳風，不下雨，不冷也不熱，非常舒服。你朋友秋天來得了嗎？

馬大爲：我想他來得了，不過還得問問他。

小燕子：除了秋天以外，別的季節也可以來中國旅遊。因爲各個地方的特點不同，一年四季都有很好的旅遊路線。比如春天可以欣賞江南山水，秋天可以遊覽內蒙草原，夏天去東北，冬天到海南島。我這兒有一些旅遊介紹，你可以寄給他。

【提建議】
Making a suggestion

馬大爲：太好了！我一回去就給他打電話，讓他秋天來。就是

秋天來不了，也沒關係，還可以有很多別的選擇。

小燕子：對，甚麼時候能來就甚麼時候來，想去哪兒就去哪兒。

生詞 New Words

1. 季節	N	jìjié	season	一年有四個季節，最好的季節，別的季節
季	N	jì	season	一年四季，春季，夏季，秋季，冬季
2. 氣候	N	qìhòu	climate	中國的氣候，北京的氣候，氣候條件
3. 複雜	A	fùzá	complicated	複雜的氣候，複雜的情況，複雜的問題，複雜的動作，複雜的辦法
4. 熱帶	N	rèdài	torrid zone; the tropics	熱帶氣候，熱帶水果，熱帶植物
5. 寒帶	N	hándài	frigid zone; the arctic	寒帶氣候，從熱帶到寒帶
6. 各	Pr	gè	each; every	各種氣候，各種花，各個地方，各位老師
7. 暖氣	N	nuǎnqì	heating	有暖氣，開暖氣，關暖氣，暖氣停了
8. 羽絨服	N	yǔróngfú	down coat	穿着羽絨服，名牌羽絨服，一件羽絨服
9. 有時候	IE	yǒushíhou	sometimes	有時候下雪，有時候很冷
有時	Adv	yǒushí	sometimes	有時下雪，有時很冷

10. 動	V	dòng	to move 走不動，搬不動，拿得動，跑得動
11. 裙子	N	qúnzi	skirt 穿裙子，一條裙子
12. 最好	Adv	zuìhǎo	had better; it would be best 最好秋天來，最好今天做完
13. 涼快	A	liángkuai	cool 天氣很涼快，這兒很涼快，早上很涼快
14. 了	V	liǎo	to end up 來得了，來不了
15. 除了……以外		chúle……yǐwài	except; besides 除了秋天以外，除了這首詩以外，除了喜歡書法以外
16. 路線	N	lùxiàn	route;itinerary 旅遊路線，開車的路線
17. 草原	N	cǎoyuán	grassland 大草原，內蒙草原
18. 選擇	V/N	xuǎnzé	to select / choice 選擇專業，選擇地方選擇時間，選擇辦法，別的選擇，有很多選擇
19. 江南	PN	Jiāngnán	south of the Changjiang River
20. 內蒙	PN	Nèiměng	Inner Mongolia
21. 東北	PN	Dōngběi	the Northeast

丁力波：小雲，你在讀甚麼書呢？

王小雲：《唐詩選》③，以前我現代詩看得比較多，現在我也喜歡起古詩來了，特別是唐詩。

丁力波：唐詩在中國文學史上非常重要，是不是？

王小雲：是啊，像李白、杜甫都是中國最偉大的詩人④。

丁力波：他們跟莎士比亞一樣有名吧？

王小雲：沒錯兒，他們都是世界有名的詩人。不過，他們比莎士
比亞的歲數可大多了。

丁力波：莎士比亞是四百多年以前的人啊。

王小雲：李白如果活着，該有一千三百多歲了。

丁力波：比莎士比亞早那麼多！中國文學的歷史真長。這些古詩
我們現在恐怕還讀不了。我記得小時候，我媽媽教過我
一首李白的詩。

【表示可能】
Expressing possibility

王小雲：哪一首詩？你還背得出來嗎？

丁力波：我試試。

　　　床前明月光，

　　　疑是地上霜。

　　　舉頭望明月，

　　　低頭思故鄉。

王小雲：你唐詩記得很熟啊！

丁力波：謝謝。可是除了這首詩以外，別的詩我都背不出來了。

王小雲：你是不是想媽媽了？

丁力波：是，昨天我收到了媽媽的信。信寫得很長，一共三頁。

王小雲：杜甫說過"家書抵萬金"。"書"是"信"的意思，家裡來
的信是很珍貴的。

丁力波："家書抵萬金"，說得多麼好啊！我要給媽媽回一封長信，
我有好多話想對她說。

王小雲：恐怕五頁也寫不下吧？

1. 現代	N	xiàndài	modern　現代詩，現代文學，現代舞蹈，現代音樂，現代藝術
2. 偉大	A	wěidà	great　偉大的科學家，偉大的文學家，偉大的作品，偉大的時代
3. 詩人	N	shīrén	poet　最偉大的詩人，現代詩人
4. 小時侯	N	xiǎoshíhou	in one's childhood　小時候媽媽教我，小時候他很艱苦
5. 背	V	bèi	to recite from memory　背詩，背課文，背一遍，背不下來

6. 牀前明月光　Chuáng qián míng yuè guāng

"In front of the bed, the light of the bright moon shines."

7. 疑是地上霜　Yí shì dì shàng shuāng

"(I) suspect (it) is frost on the ground."

8. 舉頭望明月　Jǔ tóu wàng míng yuè

"(I) raise (my) head and gaze at the bright moon."

9. 低頭思故鄉　Dī tóu sī gùxiāng

"(I) lower my head and think of (my) beloved hometown."

10. 熟	A	shóu	familiar　我們很熟，跟他不熟，記得很熟
11. 頁	M	yè	page　這本書有280頁，第一頁

12. 家書抵萬金　Jiāshū dǐ wàn jīn

"A letter from home is worth a fortune in gold."

13. 珍貴	A	zhēnguì	valuable; precious　珍貴的信，珍貴的紀念品，珍貴的禮物
14. 封	M	fēng	(measure word for letters)　兩封信，一封長信
15. 《唐詩選》	PN	《Tángshī Xuǎn》	*Selected Tang Poems*
16. 杜甫	PN	Dù Fǔ	Du Fu (a great poet of the Tang Dynasty)
17. 莎士比亞	PN	Shāshìbǐyà	William Shakespeare

補充生詞 Supplementary Words

1. 僧敲月下門　　Sēng qiāo yuè xià mén

"A monk knocks on a gate under the moon(light)."

敲	V	qiāo	to knock
2. 毛驢	N	máolǘ	donkey
3. 描寫	V	miáoxiě	to describe

4. 鳥宿池邊樹　　Niǎo sù chí biān shù

"A bird spends the night on a tree by the side of the pool."

鳥	N	niǎo	bird
5. 寺廟	N	sìmiào	temple
6. 推	V	tuī	to push
7. 轎子	N	jiàozi	sedan chair
8. 經過	V	jīngguò	to pass, to go through
9. 官	N	guān	government official
10. 拉	V	lā	to pull; to drag
11. 思考	V	sīkǎo	to think deeply
12. 賈島	PN	Jiǎ Dǎo	Jia Dao(a Chinese poet of the Tang Dynasty)

二、注釋　　Notes

① 各種氣候中國差不多都有。

"China has almost every type of climate."

"各+M+N" indicates all of the individuals within a certain range (every, each), in which a measure word is usually needed. For example, 各種方法,各位老師,各種情況, 各種書,各種困難. Other examples,

他試過各種方法。

各個民族有不同的傳說。

各位老師,各位同學,大家好!

② 當然，最好秋天來北京旅遊。

"Of course, it's best to come and tour Beijing in the autumn."

"最好" indicates the most ideal choice or one's greatest hope. For example,

最好明天不下雨，也不颱風。

最好你自己去辦這件事。

③ 《唐詩選》

Selected Tang Poems.

"唐詩" is the poetry of the Tang Dynasty. In the Tang Dynasty (618–907) the development of Chinese poetry reached a climax, many great poets appeared, such as Li Bai and Du Fu. About 50,000 Tang poems by more than 2,200 outstanding poets have been handed down.

④ 像李白、杜甫都是中國最偉大的詩人。

"Poets like Li Bai and Du Fu are among the greatest of Chinese poets."

The verb "像" can be used to cite examples, but it is different from "比如" and normally cannot be put at the end of a sentence. For example,

像丁力波、馬大爲，他們都是語言學院的學生。

中國的大城市很多，像北京、上海、廣州都是。

三、練習與運用　Drills and Practices

重點句式　KEY SENTENCES

1. 你朋友秋天來得了嗎？
2. 你看我就穿得這麼多，連路也走不動了。
3. 恐怕五頁也寫不下吧？
4. 從熱帶到寒帶，各種氣候中國差不多都有。
5. 我一回去就給他打電話。
6. 北京一到 5 月，天氣就熱起來了。
7. 最好秋天來北京旅遊。
8. 除了秋天以外，別的季節也可以來中國旅遊。
9. 除了這首詩以外，別的詩我都背不出來了。
10. 像李白、杜甫都是中國最偉大的詩人。

1. 熟讀下列短語　Master the following phrases

(1) 坐不下六個人　　放不下三張桌子　　住不下這麼多人

　　站得下一萬人　　停得下十五輛車

(2) 吃不了這麼多水果　　贏不了他們隊　　上不了班

　　喝得了這瓶可樂　　辦得了這件事兒

(3) 搬不動這個書架　　走不動這麼遠的路　　拿不動一百斤米

　　開得動這輛汽車　　騎得動自行車

(4) 熱起來了　　　　冷起來了　　好起來了　　高興起來了

　　喜歡起古詩來了　　唱起歌來了　　下起雨來了　　颳起風來了

(5) 各位同學　　各個地方　　各個學校　　各個城市

　　各種氣候　　各種書　　各種情況

2. 句型替換　Pattern drills

(1) 一頁寫得下這麼多話嗎？

　　恐怕寫不下。

一輛車	坐	5個人
一個書架	放	這麼多書
這張紙	包	這件禮物
這個電梯	站	15個人

(2) 你朋友秋天來得了來不了北京？

　　我想他來得了。

大學生隊	明天	贏	他們
陳老師	星期六	去	長城
他	下午	辦	這事兒
小張	一個月	花	這些錢

(3) 你怎麼連路也走不動了？

　　我穿得太多了。

一盆花	搬	累極了
自行車	騎	餓極了
書包	拿	胳膊疼

(4) 你打算甚麼時候給他寄旅遊介紹？

他一打來電話，我就給他寄旅遊介紹。

回國	學校	放假
買汽車	銀行	貸款
出國留學	這兒學習	結業

(5) 北京夏天的氣候怎麼樣？

北京一到 5 月就熱起來了。

冬天	11 月	冷
秋天	9 月	涼
快春天	3 月	颳(風)
夏天	6 月	下(雨)

(6) 你們都去內蒙草原旅遊過嗎？

除了小張以外，我們都去旅遊過。

習慣吃中餐	新來的同學	習慣了
交了罰款	馬大為	還沒有交
每天看電視	星期五和星期六	不看
會中國武術	丁力波	不會

(7) 除了李白的這首詩以外，你還能背甚麼？

我還能背杜甫的一首詩。

唐詩	喜歡	現代詩
游泳	愛好	健美操
江南	去過	東北
旗袍	常穿	裙子

3. 課堂活動 Classroom activities

(1) One student makes a suggestion, then another student uses "最好" to add further details to the suggestion. For example,

A：我們應該搞一次聚會。

B：最好是星期五的晚上。

C：最好把老師也請來。

……

(2) Use "一……就……" to indicate that two events happen in close succession. For example,

A：天氣一冷

B：外邊兒人就少了

C：他就感冒了

……

4. 會話練習 Conversation exercises

> IDIOMATIC EXPRESSIONS IN CONVERSATION
>
> 沒錯兒 (It's surely that...)
>
> 就是 (That's right.)
>
> 應該説 (One ought to say...)

[談氣候 Talking about the climate]

A：可能是因爲環境污染的問題，現在氣候變得越來越奇怪了。

B：是啊。咱們這兒是北方，可是今天的氣溫最高到了 35 度，比南方還高，成了全國最熱的地方了。

A：而且一下起雨來就停不住，也跟南方差不多了。

B：冬天的氣溫也越來越高，很少下雪。

A：我覺得現在的氣候是有點兒不正常。

[提建議 Making a suggestion]

A：這幾天我正在選課呢。你説選哪些課好？

B：除了 301 以外，口語課也是一定要選的。咱們的口語水平還要繼續提高。

A：我也是這樣想的。語法課呢？

B：如果你有時間，最好也選語法課。對了，我還建議你選漢字課。

A：喂，是小錢嗎？我是小王，明天的聚會我參加不了了。

B：你怎麼了？

A：我感冒了，恐怕明天去不了了。

B：是嗎？沒關係，你好好休息吧。

A：謝謝你。對了，吃飯的時候你見得到力波嗎？

B：有甚麼事兒？

A：我想請他幫個忙，星期四跟我一起到郵局去把我的書取回來。

我一個人拿不動。

B：我一定告訴他。

5. 看圖説話　Describe the following pictures

踢……了　　　　　　　　　　睡……下

跑……動

6. 交際練習　Communication practice

(1) Describe the climate of your country or your city.

(2) Describe a good place to visit in your country during the summer.

After you have made your oral response, write it down.

僧敲月下門

賈島是唐代有名的詩人。傳說，他常騎着毛驢做詩。有一天，他騎在毛驢上，想寫一首描寫月夜景色的詩。他已經想出了兩句：

鳥宿池邊樹，

僧敲月下門。

這是兩句好詩，很好地描寫出一幅月夜的景色：水池邊有一棵大樹，月光照在樹上，樹上的小鳥兒已經安靜地睡覺了；有一個和尚來到寺廟門前，用手輕輕地敲寺廟的大門。賈島一邊念着這兩句詩，一邊往前走，心裡非常高興。但是他又覺得夜裡這麼安靜，這個和尚不應該"敲"門，用手"推"門比較好。他又唸了幾遍，還是覺得"敲"比"推"好。

他騎在小毛驢上，也不看路，只想着用手"推門"還是用手"敲門"。他的毛驢已經從山下的小路走上了大路。這時候，韓愈坐着轎子正從這兒經過。賈島的毛驢跟韓愈的轎子撞上了。韓愈可是大官，保護他的人馬上走過來，把賈島從毛驢上拉了下來，問他想要乾甚麼。

賈島還不知道出了甚麼事，就被帶到轎子前邊。他看見轎子里坐着一位大官，就說："真對不起，剛才我正在想自己詩中的一個字呢，沒看見您，跟您撞上了……"

韓愈也是一位詩人，對做詩很感興趣。一聽說是寫詩，他就走下轎子，笑着問賈島："甚麼詩呀？你唸給我聽聽。"賈島就把自己的詩句唸給韓愈聽。他還問韓愈：是"僧敲月下門"好呢，還是"僧推月下門"好？

韓愈連想也沒想，就說："'敲'比'推'好。你想，在沒有人、也沒有聲音的月夜，有幾下敲門的聲音，不是更讓人覺得安靜嗎？"

後來"推敲"就成了一個新詞，表示"研究、思考"的意思。賈島和韓愈也成了很好的朋友。

1. 可能補語(2)　Potential complement (2)

Verbs like "下", "了" and "動" can be used as potential complements.

"V+得/不+下" indicates whether or not a given space is able to contain a certain number or amount of things. The verbs frequently used in this construction are: 站，坐，睡,停,放,住. For example,

書包里放不下這麼多東西。

這兒停不下十輛汽車。

宿舍住得下這麼多人嗎?

"V+得/不+了" indicates whether or not a motion or action may occur. (In general, the verb "了" can only be used as a potential complement.) For example,

你朋友秋天來得了嗎?

她的腿被撞傷了,她現在走不了路。

老師病了,明天上不了課。

Sometimes the verb "了" expresses the same idea as "完". For example,

這麼一大杯葡萄酒,她喝不了。

學院離這兒不遠,用不了半個小時就到了。

"V+得/不+動" shows whether or not a motion or action has caused a person or object to change its original position. For example,

你看我就穿得那麼多,連路都走不動了。

他一個人搬不動這張大桌子。

你不用幫我了,我自己拿得動這些東西。

Note: The optative verbs "能" and "可以" express possibilities. However, when expressing the idea of being unable to do something because of a lack of certain subjective or objective conditions, one usually uses the potential complements but not optative verbs. For example,

小孩搬不動這個大花盆。(You cannot say: ⊗"小孩不能搬這個大花盆。")

這兒聲音太大,我聽不見。(You cannot say: ⊗"這兒聲音太大,我不能聽見。")

When expressing the idea that the speaker himself / herself does have the ability to do something, or a condition permits someone to do something, one can use either the optative verb or the potential complement. The optative verb is used more frequently. For example,

我學過英語,我能翻譯。　　　　　(我學過英語,我翻譯得了。)

今天天氣很好,能去。　　　　　　(今天天氣很好,去得了。)

你不用幫助我,我自己能搬。　　　(你不用幫助我,我自己搬得動。)

When requesting that a particular movement or action take place, or when dissuading someone from moving or acting,one can only use an optative verb. The potential complement cannot be used. For example,

外邊颱風了,你不能出去。(You cannot say: ⊗"外邊颱風了,你出不去。")

我可以進來嗎? (You cannot say: ⊗"我進得來嗎? ")

2. "起來" 的引申用法　Extended use of "起來"

"V/A + 起來" indicates the beginning or extension of a motion, an action or a condition. For example,

剛到 5 月,天氣就熱起來了。

快要考試了,他現在忙起來了。

以前我喜歡現代詩,現在我也喜歡起古詩來了。

切蛋糕的時候,大家都唱起"祝你生日快樂"來了。

3. 一……就……　The construction　"一……就……"

"一……就……"("as soon as...then...") indicates that two motions or actions occur in quick succession. These two motions or actions can be performed by the same subject or by two different subjects. For example,

陳老師一進教室就開始上課。　　(same subject)

我一着急,就回答錯了。　　　　(same subject)

北京一到 5 月,天氣就熱起來了。(two different subjects)

她一叫,我們就都出來了。　　　(two different subjects)

4. "除了……以外,還/都/也……" The construction "除了……以外,還/都/也……"

"除了……以外, 還/也……"expresses the idea that in addition to what has been mentioned, the content which is added later is also included. "以外" may be omitted. For example,

除了秋天以外,別的季節也可以來中國旅遊。

除了喜歡畫畫以外,他還特別喜歡中國書法。

除了現代的新詩,她也愛看唐詩。

"除了……以外,都……" expresses the idea of excluding what has been mentioned first, and emphasizing the homogeneity of what follows. For example,

除了這首詩以外,別的詩我都背不出來了。

除了星期六和星期日以外,我們每天上午都有漢語課。

除了不喜歡吃羊肉,她甚麼肉都愛吃。

六、字與詞　Chinese Characters and Words

構詞法(10)：縮減式　Word formation methods (10): The reduction method

(1) Omission：清華──清華大學

(2) Abbreviation：北大──北京大學,北語──北京語言大學

(3) Simplified alternatives：京──北京,滬──上海,粵──廣東,中美──中國和美國,中英──中國和英國

在那遙遠的地方

哈薩克族民歌

王洛賓改編

Andarntio

zài nà yáo yuǎn de dì fang　　yǒu wèi hǎo gū niang
1. 在 那 遙 遠 的 地 方，　　有 位 好 姑 娘，

tā nà fěn hóng de xiào liǎn　　hǎo xiàng hóng tài yáng
2. 她 那 粉 紅 的 笑 臉，　　好 像 紅 太 陽，

wǒ yuàn pāo qì le cái chǎn　　gēn tā qù fàng yáng
3. 我 願 拋 棄 了 財 産，　　跟 她 去 放 羊，

wǒ yuàn zuò yì zhī xiǎo yáng　　gēn zài tā shēn páng
4. 我 願 做 一 隻 小 羊，　　跟 在 她 身 旁，

rénmen zǒu guò tā de zhàng fáng dōu yào huí tóu liú liàn de zhāng wàng
人 們 走 過 她 的 帳 房 都 要 回 頭 留 戀 地 張 望。

tā nà huó pō dòng rén de yǎn jing hǎoxiàng wǎnshang míng mèi de yuè liang
她 那 活 潑 動 人 的 眼 睛 好 像 晚 上 明 媚 的 月 亮。

měi tiān kàn zhe nà fěn hóng de xiào liǎn hé nà měi lì jīn biān de yī shang
每 天 看 着 那 粉 紅 的 笑 臉 和 那 美 麗 金 邊 的 衣 裳。

wǒ yuàn tā ná zhe xì xì de pí biān bú duàn qīng qīng dǎ zài wǒ shēn shang
我 願 她 拿 着 細 細 的 皮 鞭 不 斷 輕 輕 打 在 我 身 上。

第三十七課 Lesson 37

誰來埋單

一、課文 **Texts**

（一）

‖街边口水鸡 15元‖   ‖本帮熏鱼 18元‖

精 典 川 菜

‖鱼香肉丝 12元‖
‖麻辣豆腐 10元‖
‖宫保鸡丁 16元‖
‖满口香豆腐 16元‖
‖川式夹烧肉 18元‖
‖巴蜀家乡鱼 22元‖

‖水煮牛肉 16元‖   ‖老干妈炒三丁 16元‖

林　娜：小雲、力波、宋華，你們今天晚上都有空兒嗎？咱們到外邊吃晚飯去。①

王小雲：好啊，我們都去，人越多越熱鬧。去哪家飯館呢？

宋　華：去哪家都行。

丁力波：對，只要不是學校餐廳的菜，我甚麼都想吃。咱們走吧。

……

林　娜：大爲，你再來一點兒。

馬大爲：今天的菜味道好極了，我吃得太多，實在吃不下了。

林　娜：大家都吃好了吧，服務員，埋單。②

服務員：好，這是賬單。

【在飯館】
In a restaurant

宋　華：把賬單給我。

王小雲：我來付。

服務員：謝謝，您這是二百，請稍等。

林　娜：怎麼回事兒？③我請你們吃晚飯，你們怎麼都搶着埋單？你們比我動作還快！

王小雲：誰埋單都一樣。

林　娜：今天是我約大家來的，就該由我付錢。④

王小雲：你就下回再付吧。

丁力波：我怎麼也不明白，爲甚麼你們人人都要埋單？好吧，咱們就 AA 制吧。

王小雲：不行，這次我來，下次再 AA 制。

林　娜：爲甚麼？小雲，我請客，你埋單，這不成了笑話了嗎？

【表示奇怪】
Expressing surprise

宋　華：你要聽笑話，我可以給你們講一個。有人說，要是看見很多人在球場上搶一個橄欖球，那可能是美國人；要是看見很多人在飯館裡搶一張紙，那就很可能是中國人。

丁力波：爲甚麼中國人喜歡這樣做呢？

宋　華：我們跟朋友在一起的時候，一般不希望給別人添麻煩，都願意自己多拿出一些。當然有的人也可能是想表示自己大方。所以，如果幾個中國人一起在飯館吃飯，事先沒有說清楚由誰請客，最後大家就會搶着埋單。你們看，對面的那幾位搶得比我們還熱鬧呢。

生詞 New Words

1. 埋單	VO	máidān	(Coll.) to pay a bill	我來埋單，誰來埋單
2. 晚飯	N	wǎnfàn	supper; dinner	吃晚飯，一頓（dùn）晚飯
3. 越……越……		yuè……yuè……	the more ... the more ...	越多越熱鬧，越唱越高興，越學越好，越活越年輕
4. 餐廳	N	cāntīng	dining hall; dining room	學校餐廳，外邊的餐廳
5. 味道	N	wèidao	taste; flavour	味道很好，味道好極了，菜的味道
6. 賬單	N	zhàngdān	bill	飯館的賬單，醫院的賬單
賬	N	zhàng	account; bill	付賬
單	N	dān	list	通知單，成績單
7. 回	M	huí	(measure word for things or the times of an action)	一回事，兩回事，怎麼一回事，去過一回，吃過一回，用過一回
8. 搶	V	qiǎng	to snatch; to make efforts to be the first; to fight for	搶東西，搶錢，搶着買單，搶着付賬，搶着回答
9. 約	V	yuē	to ask / invite in advance	約大家來，約他聊天，約朋友聚會，約同學看電影，約我散步
10. 由	Prep	yóu	by	由我付，由他來做，由學校管理，由公司解決
11. 明白	A/V	míngbai	to understand; to realize	怎麼也不明白，明白這件事
12. AA 制	N	AA zhì	(to go) dutch	
13. 請客	VO	qǐngkè	to invite sb. (to dinner), usually with the intention to pay	我請客

14. 笑話	N	xiàohua	joke 説笑話，講笑話，一個笑話，成了笑話
15. 球場	N	qiúchǎng	ground or court for ball games 球場上，足球場
16. 橄欖球	N	gǎnlǎnqiú	American football 踢橄欖球，橄欖球場
17. 添	V	tiān	to add; to increase 添麻煩，添衣服，添一點飯，添一臺電腦
18. 大方	A	dàfang	generous 大方的人，動作大方
19. 事先	N	shìxiān	in advance; beforehand 事先知道，事先告訴，事先沒有説清楚
20. 最後	N	zuìhòu	final; last 最後一課，最後一次，排在最後

宋　華：你們喜歡吃羊肉嗎？

馬大爲：喜歡。上星期六，我們班同學跟陳老師一起去内蒙草原旅遊，還吃了烤全羊呢！

宋　華：烤全羊？你們幾個人吃得了嗎？

馬大爲：吃得了。我們班的同學除了林娜以外都去了。包括陳老師，一共 16 個人呢。

丁力波：我們是按蒙族的習慣吃的。⑤ 大家一坐好，兩個蒙族姑娘就擡出了烤好的羊。還有兩個姑娘，一個舉着酒杯，一個拿着酒壺，慢慢地向我們走過來。她們站在我們的桌子前邊，唱起蒙族民歌來。

宋　華：有意思，説下去。

丁力波：這時候，飯店的經理向大家表示歡迎。他説："歡迎各國朋友來我們內蒙草原旅游。今天晚上，請大家按蒙族的習慣吃烤全羊。首先，由我們這四位姑娘向你們敬酒，⑥請你們中間歲數最大、最受尊敬的人喝第一杯酒，吃第一塊烤羊肉。"

宋　華：誰喝了第一杯酒？

馬大爲：當然是陳老師，她比我們歲數大。

丁力波：四位姑娘唱着蒙族民歌，向陳老師敬酒。然後，請陳老師吃第一塊羊肉。

馬大爲：陳老師吃了羊肉以後，四位姑娘又接着唱下去，⑦給我們每個人敬酒、敬烤羊肉。我們也跟着唱起來。大家越唱越高興，這個晚上過得非常愉快。

宋　華：你們吃過內蒙的烤全羊了，下個星期六，我請大家吃地道的新疆烤羊肉。

生詞 New Words

1. 羊肉	N	yángròu	mutton	烤羊肉
2. 班	N	bān	class	我們班，一個班
3. 烤全羊	N	kǎoquányáng	whole roasted lamb	
4. 按	Prep	àn	according to	按這兒的習慣，按我們的風俗，按老師的意見
5. 擡	V	tái	to lift; to raise	擡起頭來，擡桌子，擡牀
6. 舉	V	jǔ	to hold up; to raise	舉杯子，舉手，舉重
7. 酒杯	N	jiǔbēi	wine cup	舉起酒杯，一個酒杯
8. 民歌	N	míngē	folk song	西藏民歌，內蒙民歌，臺灣民歌，東北民歌，俄羅斯民歌
9. 飯店	N	fàndiàn	hotel	北京飯店，長城飯店
10. 首先	Adv	shǒuxiān	first of all; firstly	
11. 敬酒	VO	jìngjiǔ	to politely offer a cup of wine; to propose a toast	向大家敬酒
敬	V	jìng	to respect; to politely offer	敬茶，敬烤羊肉
12. 受	V	shòu	to receive	受教育，受稱讚，受污染
13. 尊敬	V	zūnjìng	to respect; to honour	尊敬老師，尊敬老人，受尊敬的人
14. 然後	Adv	ránhòu	then; after that	
15. 接着	V/Conj	jiēzhe	to follow; to carry on / then	接着唱，接着說，接着商量，接着敬酒
16. 愉快	A	yúkuài	joyful; cheerful	過得很愉快，生活愉快，愉快的事兒
17. 蒙族	PN	Měngzú	Mongolian ethnic group	
18. 新疆	PN	Xīnjiāng	Xinjiang (an autonomous region of China)	

1. 竹子	N	zhúzi	bamboo
2. 主人	N	zhǔrén	master
3. 阿姨	N	āyí	house maid
4. 肉絲炒竹笋		ròusī chǎo zhúsǔn	stir-fried shredded pork with bamboo shoots
肉絲	N	ròusī	shredded pork
炒	V	chǎo	to stir-fry
竹笋	N	zhúsǔn	bamboo shoot
5. 詞典	N	cídiǎn	dictionary
6. 挖	V	wā	to dig
7. 計劃生育		jìhuà shēngyù	family planning
計劃	V	jìhuà	to plan
生育	V	shēngyù	to give birth to
8. 優生優育		yōushēng yōuyù	healthy birth and sound care
優	A	yōu	excellent
9. 巧雲	PN	Qiǎoyún	Qiaoyun (name of a young maid)

二、注釋　　Notes

① 咱們到外邊吃晚飯去。

"Let's go out for dinner."

"外邊" refers to a dining hall or restaurant outside of the school.

② 服務員,埋單。

"Waiter, the bill."

"埋單" usually refers to paying the bill after eating at a restaurant. The expression is originated from the Cantonese dialect, but has become popular in the colloquial northern Chinese. One can also say "買單".

③ 怎麼回事兒?

"What's going on?"

This is an expression indicating that something is strange or inexplicable.

④ 今天是我約大家來的,就該由我付錢。

"I invited everybody today, so I ought to pay."

"由+NP+V" indicates that a specific thing is to be done by a certain person or organization. For example,

電影票由宋華去買。

這個問題應該由學校解決。

⑤ 咱們就 AA 制吧。

"Let's go dutch."

"AA 制"(pronounced *AA* zhì) means that each person pays his or her individual portion of the bill equally. In modern Chinese, there are quite a few expressions beginning with the Western letters, such as "BP 機 (beeper)" and "IP 電話 (internet phone)". There are also terms which are the abbreviations of the Western languages, such as CD, DVD and WTO. These are pronounced according to the English reading of the letters.

⑥ 我們是按蒙族的習慣吃的。

"We ate it according to the Mongolian custom."

"按+NP+V" indicates that something is done according to a certain standard. For example,

我們按那兒的風俗用手抓飯吃。

我們按醫生的話一天吃三次藥。

⑦ 四位姑娘又接着唱下去。

"Then the four girls continued to sing."

The verb "接着" is used as an adverbial, and "接着+V" indicates either that a later action follows the previous one closely in time, or that the latter action is a substantial continuation of the former one. For example,

你先説，我接着説。

他先介紹北京，接着介紹上海。

今天我們先學到這兒，明天我們接着學。

The order for narrating the actions in sequence: "首先/先——再/又/接着——然後/接着——最後"

三、練習與運用　Drills and Practices

重點句式　KEY SENTENCES

1. 去哪家飯館都行。
2. 誰埋單都一樣。
3. 只要不是學校餐廳的菜，我甚麼都想吃。
4. 我怎麼也不明白，爲甚麼你們人人都要埋單？
5. 她比我們歲數大。
6. 對面的那幾位搶得比我們還熱鬧呢。
7. 四位姑娘又接着唱下去。
8. 今天是我約大家來的，就該由我付錢。
9. 大家越唱越高興。

1. 熟讀下列短語　Master the following phrases

(1) 講下去　看下去　聽下去　唱下去　唸下去　背下去　聊下去　住下去

比賽下去　　生活下去　　演奏下去　　翻譯下去

(2) 誰都不認識　甚麼都吃過　哪兒也沒去過　怎麼做都可以

(3) 由陳老師教　由司機開　由你去做　由學校解決　由公司付賬

(4) 跑得比他慢　　睡得比以前早　　做得比他們認真　發展得比農村快

　　棋下得比我差　球踢得比紅隊好　花開得比去年美　債借得比他們多

(5) 按醫生的話吃藥　　按老師的意見準備

　　按蒙族習慣敬酒　　按這兒的風俗送禮

2. 句型替換　Pattern drills

(1) 你們喜歡聽嗎？

　　很有意思,請說下去。

講下去
唱下去
唸下去
背下去

(2) 我們去哪家飯館呢？

　　哪家飯館都行。

要甚麼菜	甚麼菜
讓誰參加	誰參加
去哪兒旅遊	去哪兒
打算怎麼過生日	怎麼過

(3) 對面的那幾位搶得熱鬧不熱鬧？

　　對面的那幾位搶得比我們更熱鬧。

白隊	踢	好	紅隊
城市的經濟	發展	快	農村
女學生	學習	認真	他們
今年的花	開	好看	去年

(4) 她比你們歲數大嗎？

　　她沒有我們歲數大。

張小姐	身體好
林娜	嗓子好
她姐姐	學習努力

(5) 今天的賬單由誰付？

　　今天的賬單由我付。

這個問題	去回答	丁力波
這輛新車	來開	老司機
學生宿舍	打掃	服務員
這個商店	管理	張經理

(6) <u>大家唱得怎麼樣了</u>？

　　大家越唱越<u>高興</u>。

雨	下	大
風	颱	大
他們	聊	熱鬧
他的漢語	說	流利

3. 課堂活動 Classroom activity

Narrate an experience to your classmate's using the sequence words: "首先/先……再/又/接着……然後/接着……最後……". For example,

　　　A：昨天我們去城裡了，

　　　B：我們先在書店買了很多書，

　　　C：又買了光盤，

　　　D：然後去飯館吃飯，

　　　E：接着去商場買東西，

　　　F：最後看了一個電影。

　　　……

4. 會話練習 Conversation exercises

> **IDIOMATIC EXPRESSTIONS IN CONVERSATION**
>
> 去哪兒都行 (Anywhere is fine.)
>
> 甚麼都可以 (Anything will do.)
>
> 怎麼回事兒 (What's going on?)
>
> 我怎麼也不明白 (I just don't understand.)

[在飯館 In a restaurant]

(1) A：小張，你想吃點兒甚麼？你來點 (order) 菜吧。

　　B：我吃甚麼都行。小王點吧，你常來這兒，比較熟，你喜歡吃甚麼我們就吃甚麼。

　　C：我可喜歡吃辣的，越辣越好。你們吃得了嗎？

B：沒有關係，我也是“怕不辣”。

D：我病了不能吃辣，我點個烤鴨吧。

(2) A：來，爲咱們的友誼，乾杯！

B：乾杯！

A：這幾個菜味道還可以。小張，你再多吃點兒，別客氣啊！

B：我已經吃得不少了，實在吃不下了。

(3) A：大家都吃好了吧？小姐，埋單。

B：今天我來付賬。

A：不是已經說好了嗎？這次由我埋單。

C：我看這樣吧，誰也別搶着付了，咱們今天就 AA 制。

[表示奇怪 Expressing surprise]

A：小錢來了嗎？

B：他沒有來，他說他不參加這次比賽了。

A：怎麼回事兒？他昨天不是表示願意參加的嗎？怎麼變得這麼快？

B：他說他不希望給別人添麻煩。

A：爲甚麼？

B：可能他覺得自己的水平不太高，怕踢不好。

A：我怎麼也不明白，他爲甚麼這樣想呢。

5. 看圖說話 Describe the picture

6. 交際練習 Communication practice

Describe the things you usually do or the customs that you follow when you go out to eat dinner with your friends.

After you have made your oral response, write it down.

四、閱讀和復述　Reading Comprehension and Paraphrasing

竹子的孩子

巧雲在上海打工，她在一個外國人家里當阿姨。她會說一點兒英語，她主人連一句漢語也不會說。一天，巧雲做了一個肉絲炒竹笋，她做得很好吃。主人指着竹笋用英語問巧雲："這個很好吃，它是甚麼？"

巧雲不會用英語說"竹笋"這個詞，怎麼辦呢？她心里一着急就對主人說："對不起，先生，我也不知道它是甚麼。"

"這是你做的菜，是你去商店買的，你怎麼會不知道呢？"主人有點兒不高興地説。

巧雲笑着說，"我不知道英語怎麼說。請等一等，我去查一查詞典。"

她查完了詞典，也只會說"'竹笋'是竹子的孩子"。主人說，吃竹子的孩子不太好，我們應該保護環境、綠化環境，怎麼能吃竹子的孩子呢？巧雲想告訴主人，竹笋太多是長不出好竹子來的，一定要把那些長得不好的竹笋挖出來。可是，巧雲還不能用英語講清楚這個問題。説漢語，主人又聽不懂，她真不知道該怎麼辦。突然，她想到計劃生育中的一句話，就高興地用英語對主人說，"竹子也要計劃生育，只有優生優育，才能長出好竹子。"主人一聽就明白了，並且大笑起來，還稱讚巧雲，說她講得比老師還清楚，很有意思。

五、語法　　Grammar

1. "下去"的引申用法　The extended use of "下去"

The complex directional complement "下去" expresses the continuation of an action. "V/A＋下去" indicates that an action which has already started will continue, or that a condition which has already come into being will last. For example,

> 有意思,請説下去。
>
> 陳老師吃了羊肉以後,四位小姐又接着唱下去。
>
> 大家只要學下去,就一定能學會。
>
> 天氣再這樣冷下去,我們就該穿羽絨服了。

2. 疑問代詞表示任指(2)　Interrogative pronouns of general denotation (2)

When used in declarative sentences, the interrogative pronouns 誰, 甚麽, 哪兒 and 怎麽 denote "any person or thing without exception". The adverbs "都" and "也" are commonly used with them. For example,

> 誰埋單都一樣。
>
> 吃飯去哪家飯館都行。
>
> 他剛來北京,哪兒都想看看。
>
> 他甚麽都不想吃。
>
> 這件事真奇怪,我怎麽也不明白。

3. 用介詞"比"表示比較(2)　Making comparisons by using the preposition "比" (2)

In addition to the adjectival and verbal phrases, one can also use the subject-predicate phrases to compare the differences between two things with regard to a certain aspect.

S ＋ Prep"比" ＋ N/Pr ＋ S-PP

Subject	Predicate		
	Prep "比"	**N / Pr**	**S-PP**
陳老師	比	我們	歲數　大。
你們	比	我	動作　還快。
這條裙子	比	那條	顏色　好嗎？
我外婆	不比	我媽媽	身體　差。

In the sentences expressing comparisons by using complements of state, "比+N/Pr" can also be put after the verb and in front of the complement of state without any basic change in meaning. For example,

對面的那幾位比我們搶得還熱鬧呢。(對面的那幾位搶得比我們還熱鬧呢。)

他比他朋友來得早。(他來得比他朋友早。)

張先生翻譯唐詩比王先生翻譯得好。(張先生翻譯唐詩翻譯得比王先生好。)

4. 越……越…… The construction "越……越……"

This construction indicates that the degree (expressed by the word or words after the second "越") is changing along with the changes of the circumstances (expressed by the word or words following the first "越"). For example,

他很着急，所以越說越快。

雨越下越大了。

大家越唱越高興。

六、字與詞　Chinese Characters and Words

構詞法(11)：綜合式　Word formation methods (11): The composite method

A word formed in this method is a compound word, consisting of a noun preceded by its modifiers. Most words of this category are nouns. For example,

照相機　辦公室　借書證　通知單　服務員　出租車　展覽館

園藝師　科學家　植物園　中秋節　外交官　橄欖球　太極劍

電影院　兵馬俑　羽絨服　建國門　音樂會　圖書館　美術館

漢語課　火車站　外國人　葡萄酒　君子蘭　明信片　人民幣

小意思　小學生　小汽車　小時候

商品經濟　中華民族　漢語詞典　公共汽車　古典音樂

Li Yulan is Xiao Yanzi's cousin. Jack is Dawei's friend. After they got to know each other, they fell in love and were married. What interesting thing do you think happened after this newly-married couple went to the village to see Yulan's parents?

第三十八課 (復習) Lesson 38 (Review)

你聽,他叫我"太太"

一、課文　　　Texts

（一）

傑　克：大爲、小燕子，告訴你們一個好消息——我結婚了！
　　　　玉蘭嫁給我了！

小燕子：等一等，你結婚了？你們是甚麼時候結婚的？我們怎麼
　　　　都不知道？

傑　克：我結婚，我自己知道就行了。再說，我們是旅行結婚，一
　　　　回來就告訴你們，不算晚吧？

小燕子：祝賀你們新婚愉快，生活幸福。

傑　克：謝謝！

【祝賀新婚】
Congratulating the
newly-weds

小燕子：你只讓我們知道還不行，還得……

傑　克：對，我們早就去政府登記了，也拿到了結婚證。

小燕子：我想説的不是這個意思。

傑　克：那是甚麽意思？

小燕子：我是説，你還得請客。

傑　克：那當然。這是我們的喜糖，來，請吃糖。

小燕子：喜糖我們收下了，但這還不算是請客。

馬大爲：傑克，按中國人的習慣，結婚要舉行婚禮。牆上、門上要貼紅雙喜字，新娘要坐花轎，還要擺宴席，請很多客人來。婚禮熱鬧得很。①

傑　克：要舉行婚禮，我明白。我們西方人一般是在教堂舉行婚禮。説到宴席，我們只請親戚朋友在一起喝杯酒，②唱唱歌，跳跳舞，高興高興。除了特別有錢的人以外，一般都不擺宴席。

小燕子：我表姐的家在農村，結婚宴席可不只是喝杯酒。

傑　克：還有甚麽？

小燕子：你等着你岳父、岳母教你吧。③

生詞 New Words

1. 太太	N	tàitai	Mrs.; madam	王太太，張太太，叫她"太太"，我太太
2. 嫁	V	jià	(of a woman) to marry	她嫁給他
3. 新婚	A	xīnhūn	newly-married	新婚的丈夫和妻子
4. 幸福	A	xìngfú	happy	祝你幸福，祝你生活幸福，幸福生活
5. 政府	N	zhèngfǔ	government	中國政府，上海市政府
6. 登記	V	dēngjì	to register	結婚登記，去政府登記，去派出所登記
7. 結婚證	N	jiéhūnzhèng	marriage certificate	拿到結婚證
8. 喜糖	N	xǐtáng	wedding sweets (or candies)	送喜糖，請大家吃喜糖
9. 舉行	V	jǔxíng	to hold (a meeting, ceremony, etc)	舉行展覽，舉行聚會，舉行考試，舉行紀念活動
10. 婚禮	N	hūnlǐ	wedding ceremony	舉行婚禮，參加婚禮
11. 貼	V	tiē	to paste; to stick	貼郵票，貼照片
12. 紅雙喜字	IE	hóng shuāngxǐ zì	the red 囍 character	貼紅雙喜字
雙喜	N	shuāngxǐ	double happiness	
雙	M	shuāng	pair	一雙筷子
13. 新娘	N	xīnniáng	bride	做新娘，當新娘
14. 花轎	N	huājiào	bridal sedan chair	坐花轎，擡花轎
15. 宴席	N	yànxí	banquet; feast	擺宴席，結婚宴席，生日宴席
16. 客人	N	kèren	guest	請客人來，歡迎客人
17. 教堂	N	jiàotáng	church; cathedral	上教堂，在教堂舉行婚禮
18. 親戚	N	qīnqi	relative	我的親戚，我們是親戚，親戚朋友
19. 表姐	N	biǎojiě	older female cousin	
20. 只是	Adv	zhǐshì	only; just	只是開個玩笑，不只是喝杯酒

21. 岳父	N	yuèfù	father-in-law (the wife's father)
22. 岳母	N	yuèmǔ	mother-in-law (the wife's mother)
23. 傑克	PN	Jiékè	Jack (name of a character in this textbook; an Australian man)
24. 李玉蘭	PN	Lǐ Yùlán	Li Yulan (name of a character in this textbook; a Chinese girl)

(二)

玉　蘭：傑克，到了我家，見了我父母，你得叫爸、叫媽。記住了嗎？

傑　克：記住了。你說得很容易，可是我怎麼開得了口？

玉　蘭：怎麼開不了口？你跟着我叫吧。

傑　克：好，記住了。

玉　蘭：爸、媽，我們回來了。最近我們忙得很，現在才有空兒回來看你們。

玉蘭爸：哦，回來了就好。我跟你媽正在商量給你們辦結婚宴席的事兒呢。

玉　蘭：爸，媽，我們已經結婚好幾個月了，④ 結婚宴席你們就別辦了。再說……

玉蘭爸：說甚麼咱們也得辦。⑤ 這不是在你們北京城裡，這是農村。

傑　克：先生，您聽我們慢慢地說……

玉蘭爸：甚麼？"先生"？你叫我"先生"！

玉　蘭：傑克，我是怎麼跟你説的？你説記住了，怎麼又忘了？叫"爸"，叫"爸"呀！老爸，傑克還不太習慣。説到我們倆結婚的事兒，⑥ 現在得按新的辦法辦，您怎麼還是老腦筋啊？⑦

玉蘭媽：甚麼叫老腦筋？這是咱們的規矩。

【勸慰】
Comforting, consoling

傑　克：太太，您別生氣……

玉蘭媽：玉蘭爸，你聽，他叫我"太太"！

玉　蘭：你得叫"媽"。媽，他還不懂我們的規矩。

玉蘭媽：看得出來，他是不懂我們的規矩。你一個人跑到中國來，想怎麼做就怎麼做，你們村裡的人誰也看不見。

玉　蘭：媽，您這就不明白了，他不住在農村，他家在悉尼。

玉蘭媽：哦，"在城裡"。你們知道嗎？結婚是一輩子的大事啊！甚麼都沒有結婚重要！不請親戚朋友和鄰居吃飯，你們胡同的人不説你嗎？⑧

傑　克：別説我們那條大"胡同"，連我住的那一座樓裡，也沒有人會批評我。跟您這麼説吧，我們誰也不認識誰。

玉蘭媽：可是我不能讓村裡人説我，説我女兒。

玉蘭爸：我看就這麼決定了：我們去飯館裡請兩個好廚師，在家裡擺十幾桌宴席。除了親戚朋友以外，把村裡的人也請來，大家高高興興地喝幾杯。

【決定】
Making a decision

玉蘭媽：對，就這樣了。這事兒由我們來辦，一定得熱熱鬧鬧地
辦。讓大家也認識認識我們家的外國姑爺。

結 婚 啓 事

長男國偉 經相當時期之友誼，情投意合，
次女美芳 願結為終身伴侶，並徵得雙方家長同意，訂
於 二〇〇三年 七 月六日 （星期日）上午十一時
農曆歲次癸未年六月初七日
假座加拿大溫哥華市教堂舉行結婚典禮　屆時恭請

王　金夫
王祝明芬
楊　百先　敬啓
楊張麗玲

諸親戚友
光臨觀禮

生詞 New Words

1. 開口	VO	kāikǒu	to open one's mouth; to start to talk (frequently about something that is embarrassing)　沒開口，難開口，開不了口，怎麼開得了口
口	N	kǒu	mouth
2. 商量	V	shāngliang	to discuss; to talk over　商量這件事，商量這個問題，跟他商量，兩個人商量，大家商量
3. 倆	Num	liǎ	(Coll.) two (people)　我們倆，他們倆，你們倆，咱倆
4. 腦筋	N	nǎojīn	brain; mind; way of thinking　腦筋好，動腦筋，老腦筋
5. 規矩	N	guīju	rules; customs; manners　懂規矩，不懂我們的規矩
6. 生氣	VO	shēngqì	to get angry　別生氣，她還在生氣，生我的氣

7. 大事	N	dàshì	important matter; major issue　國家大事，世界大事，一輩子的大事
8. 鄰居	N	línjū	neighbour　好鄰居，我們家的鄰居，請鄰居吃飯
9. 胡同	N	hútòng	lane; alley　北京的胡同，你們胡同，你們胡同的人，一條胡同
10. 批評	V	pīpíng	to criticize　批評我，批評這件事
11. 決定	V	juédìng	to decide; to make up one's mind　決定結婚，決定請客，決定去黃山旅遊，決定出發的時間，就這麼決定了
12. 廚師	N	chúshī	cook; chef　請兩個好廚師
13. 姑爺	N	gūye	son-in-law　新姑爺，我們家的姑爺，外國姑爺
14. 悉尼	PN	Xīní	Sydney

補充生詞　Supplementary Words

1. 慶祝	V	qìngzhù	to celebrate
2. 走馬燈	N	zǒumǎdēng	lantern with revolving paper-cut figures
燈	N	dēng	lamp; lantern
3. 對聯	N	duìlián	antithetical couplet
上聯	N	shànglián	the first line of a couplet
下聯	N	xiàlián	the second line of a couplet
4. 熄(燈)	V	xī(dēng)	to put out (a lamp)
5. 對	V	duì	to match
6. 旗子	N	qízi	flag; banner
7. 虎	N	hǔ	tiger

8. 飄颺	V	piāoyáng	to flutter; to fly
9. 飛虎旗	N	fēihǔqí	flying tiger banner
10. 捲	V	juǎn	to roll up
11. 藏	V	cáng	to hide
12. 中榜	VO	zhòngbǎng	one's name is pullished in the list of successful candidates or applicants
13. 宋代	PN	Sòngdài	Song Dynasty
14. 王安石	PN	Wáng Ānshí	Wang Anshi (a well-known Chinese statesman and writer of the Song Dynasty)

二、注釋　　　　Notes

① 婚禮熱鬧得很。

"The wedding ceremony is very lively."

The particle "得" and the adverb "很" are frequently used after the adjectives and verbs that indicate mental activities. "A/V+得很" indicates a high degree. For example,

我們最近忙得很。

大家都高興得很。

力波現在還想家嗎? 他説還想得很。

② 説到宴席,我們只請親戚朋友在一起喝杯酒。

"Speaking of the wedding banquet, we only invite relatives and friends to drink a glass of wine together."

"説到+NP/VP/S-PP" indicates the involvement of some people or things. It is used to bring up a topic or to indicate an opinion about it. For example,

説到學習成績,我認爲小田是我們全班的第一。

説到在飯館買單,我們喜歡 AA 制。

説到傑克怎麽稱呼玉蘭的父母,由他自己決定吧。

③ 你等着你岳父、岳母教你吧。

"Wait for your father-and mother-in-law to teach you."

A married man calls his wife's parents "岳父, 岳母", and a married woman calls her husband's parents "公公, 婆婆". However, in colloquial language both men and women call their parents-in-law "爸爸, 媽媽".

Some other forms of address have appeared in this lesson. For example, children address their own parents as "老爸, 老媽". "太太" is a respectful form of address for married women, usually preceded with the surnames of their husbands, for example, "張太太", "王太太". When talking to other people, a husband can also call his wife "太太", as in "我太太". This usuage is particularly common in Hong Kong, Macao, Taiwan, and among the overseas Chinese. However, in the Mainland the term "太太" fell out of use a long time ago and is now rarely encountered. (Most Mainland women do not use their husbands' surnames.) "姑爺" is a term used by a woman's family to address her husband.

④ 我們已經結婚好幾個月了。

"We have already been married for quite a few months."

When used in front of numeral-measure words or time words, "好幾" means "quite a few" or "many", as in 好幾個, 好幾十, 好幾千, 好幾萬, 好幾倍 and 好幾年.

⑤ 説甚麼咱們也得辦。

"No matter what, we have to do it."

Literally, "Whatever (you) say, we must do (it)."

⑥ 説到我們倆結婚的事兒……

"To speak of our marringe…"

"倆" is the colloquial word for "兩個", as in 咱倆, 你們倆, 他們倆. A measure word cannot be used after "倆". You cannot say: ⊗"他們倆個".

⑦ 您怎麽還是老腦筋啊？

"Why are you so old-fashioned?"

Here, "老" means "old", as in 老房子, 老光盤, 老電影. 腦筋 (literally, "brain") refers to one's idea. "老腦筋" means "old-fashioned idea".

⑧ 你們胡同的人不説你嗎？

"Wouldn't the people in your alley talk about (criticize) you?"

In Beijing dialect "胡同" refers to a small street or alley. Here, the verb "説" has the meaning of "reproach" or "criticize", as in:

他今天又來晚了, 我説他了。

小馬知道自己錯了, 别再説他了。

三、練習與運用　　Drills and Practices

重點句式　KEY SENTENCES

1. 最近我們忙得很。
2. 説到宴席, 我們只請親戚朋友在一起喝杯酒。
3. 説到我們倆結婚的事兒, 現在得按新的辦法辦。
4. 我們已經結婚好幾個月了。
5. 我不能讓村裡人説我。

1. 熟讀下列短語　Master the following phrases

(1) 不算晚　　　不算高　　　　不算是謙虛　　　不算是決定　　　不算是批評

　　算是很早　　算是很大方　　算是比賽　　　　算是訪問　　　　算是檢查

(2) 好得很　　　冷得很　　　　安靜得很　　　　年輕得很　　　　容易得很

　　喜歡得很　　放心得很　　　擔心得很　　　　關心得很　　　　習慣得很

-195-

(3) 說到他們倆　　　說到中國畫　　　說到安靜　　　　說到艱苦樸素

　　　說到遊覽黃山　說到貸款買汽車　說到誰來買單　說到工作認真

(4) 好幾萬　　　好幾十萬　　　好幾百萬　　　好幾千萬　　　好幾億

　　　好幾天　　　好幾個星期　　好幾個月　　　好幾十年　　　好幾個世紀

　　　好幾首詩　　好幾篇課文　　好幾百塊錢　　好幾十棵樹　　好幾千輛車

2. 句型替換　Pattern drills

(1) 你們結婚,還得擺宴席吧?

　　是啊。說到擺宴席,我們只請親戚朋友在一起喝杯酒。

上大學	參加考試	實在不容易啊
舉行幾年活動	做好準備	我們買些東西就行了
去西藏旅遊	事先檢查一下身體	那兩位八十多歲的老人有點兒擔心

(2) 他們已經結婚了嗎?

　　他們已經結婚好幾個月了。

登記	好幾個星期
回家	好幾天
退休	好幾年

(3) 他身體怎麼樣?

　　他身體好得很。

工作	辛苦
生活	節約
學習	困難
業餘愛好	多

(4) 這是北京最小的胡同吧?

　　這還不是北京最小的胡同,那條胡同小多了。

你們家最好看的花兒	君子蘭	好看
你們班最高的成績	小謝的成績	高
你們那兒最新的飯店	長安飯店	新

3. 課堂活動 Classroom activity

One student uses "説到……" to introduce a topic of conversation. Other students join the conversation to express their opinions about the topic. For example,

A：説到貸款買汽車，

B：我認爲小雲的看法是對的，

C：小雲的媽媽是老腦筋，

D：我是做不到的。

4. 會話練習 Conversation exercises

> IDIOMATIC EXPRESSIONS IN CONVERSATION
>
> 我想説的不是這個意思 (What I intended to say wasn't this.)
>
> 我是説 (I meant to say...)
>
> 怎麽開得了口 (How can I say that? /How can I open my mouth?)
>
> 我是怎麽跟你説的 (What did I tell you?)
>
> 我看就這麽定了 (I think we'll do it this way.)

[祝賀新婚 Congratulating the newly-weds]

A：聽説你們快要結婚了，甚麽時候請我們吃喜糖？

B：我們打算下個月旅行結婚。

A：祝你們新婚快樂，生活幸福！

B：謝謝！等我們旅行回來，還要請你們喝杯喜酒。

[澄清觀點 Clarifying a point of view]

A：你是説這部電影故事不夠複雜？

B：我不是這個意思。我是説演員演得太簡單了，沒有把主要角色的複雜關係演好。

A：你是不是認爲演員是這部電影的主要問題？

B：演員還不算是主要問題。我的意思是導演 (dǎoyǎn, director) 水平不高。

[勸慰　Comforting, consoling]

A：甚麼？她說我是老腦筋，跟不上時代了？

B：她不是這個意思，您別生氣。您聽我慢慢說。

A：我不聽。讓她把話說清楚，是怎麼回事兒。

B：她不瞭解這件事，所以，她說得很不合適。您不要爲這件事生氣。

[決定　Making a decision]

A：聽說你要回國了？

B：是啊。我家裡有點兒事兒，我決定下星期就回國。

A：你參加不了考試了。你再好好地想一想吧。

B：下下星期才考試，我等不了那麼長的時間。我一定要在 15 號以前到家。沒有別的辦法，就這麼決定了。

A：好吧，就這樣吧。

5. 看圖說話　Describe the picture

6. 交際練習　Communication practice

(1) Describe the wedding customs of your country.

　　After you make your oral response, write it down.

(2) Write a card to congratulate your friend on his / her wedding.

奇特的紅雙喜字

中國人舉行婚禮時，常用紅紙寫一個大"囍"字，貼在門上，表示慶祝。

傳說這個紅雙喜字最早是宋代文學家王安石寫出來的。王安石在去京城參加考試的路上，看見一家門口掛着一個很大的走馬燈，上邊寫着一副對聯的上聯："走馬燈，燈走馬，燈熄馬停步。"希望有人能對出下聯。王安石看完了就說："這是一副很好的上聯！"一位站在走馬燈旁邊的老人忙對他說："先生，您請進！"王安石回答說："對不起，我要去京城參加考試，現在沒有時間。等回來的時候，我一定給您對出下聯。"

考完試，王安石覺得自己考得很不錯，心裏很高興。在回來的路上，他看見一面旗子，旗子上畫着一隻虎，在風中飄颺。他想，用飛虎旗去對走馬燈，不是很好嗎？他一邊走一邊唸：

　　　　走馬燈，燈走馬，燈熄馬停步。

　　　　飛虎旗，旗飛虎，旗捲虎藏身。

一會兒，王安石又來到了那家人的門前。那位老人看見他來了，就非常高興地走上去說："先生，您來了，請進，請進！"

王安石對老人說："不用進去了，我已經對出來了。我的下聯是：'飛虎旗，旗飛虎，旗捲虎藏身。'""太好了，太好了！有人對出來了！"那位老人一邊大聲地說着，一邊跑進屋去告訴小姐。小姐聽了，笑了笑。

老人又走出來問王安石："先生，您結婚了沒有？"

"還沒有。"王安石說。

這時，老人才對王安石說："上聯是我們家小姐出的。如果哪位沒有結婚的年輕人對上了，我們家小姐就嫁給他。您的下聯對得很好，我們家小姐很高興。現在，只要您願意，您就是我們家的姑爺了。"王安石想，這位小姐一定讀過很多書，就決定跟她結婚。

就在王安石舉行婚禮的那天,他收到了中榜的通知。兩件喜事一起到來,他高興極了,就用一張紅紙寫了這麼一個奇特的"囍"字,貼在門上。

後來,人們結婚的時候,都習慣在門上貼一個大紅雙喜字。

五、語法(復習) Grammar (Review)

1. 幾種補語 Types of complements

(1) 情態補語 Complement of state

你來得真早。

他做中國菜做得很好吃。

他漢字寫得很漂亮。

漢語他說得不太流利。

他玩兒得很高興。

他們忙得沒有時間唱京劇。

外邊安靜得聽不見一點兒聲音。

他累得頭疼。

(2) 程度補語 Complement of degree

昨天熱極了。

上海的東西比這兒便宜多了。

他最近忙得很。

(3) 結果補語 Resultative complement

她戴上了那條圍巾。

他們沒有把禮物打開。

他沒有找着火車票。

我記住了那位作家說的話。

(4) 可能補語 Potential complement

他今天做得完這些練習。

我看不見那棵樹。

他們聽不懂上海話。

汽車開不進來。

這麼多東西,他拿不上來。

小孩吃得了這麼多水果嗎?

車里坐不下這麼多人。

我們搬得動這張大牀。

2. 疑問代詞活用 Flexible uses of interrogative pronouns

(1) 表示反問 To indicate rhetorical questions

誰說他不去?

她哪兒有錢買車呢?

他甚麼沒吃過,甚麼沒見過?

他怎麼沒有來? 他來了。

(2) 表示虛指 To indicate indefiniteness

你想喝點兒甚麼嗎?

我不記得誰給你打過電話。

我好像在哪兒見過他。

(3) 表示任指 To indicate general denotation

這麼好的京劇,誰都想看。

他甚麼也不想吃。

她哪兒也不願意去。

哪種方法都不行。

他怎麼記也記不住。

In addition, we find some interrogative pronouns of particular denotation in composite sentences:

我們樓里誰也不認識誰。

誰知道這個詞的意思誰就回答。

你一個人想怎麼做就怎麼做。

你做甚麼我就吃甚麼。

哪兒好玩就去哪兒。

3. 副詞"再"和"又" The adverbs "再" and "又"

副詞 "再" The adverb "再"

(1) 將要重複 Indicating that an action is to be repeated in the future

請再説一遍。

我們再聊一會兒吧。

他説他明天再來。

我以後不再去了。

(2) 表示動作將在某一時間或情況以後發生 Indicating that an action will occur at a certain time or under a certain condition

我們先翻譯生詞,再復習課文。

吃完飯再走吧。

副詞 "又" The adverb "又"

(1) 已經重複 Indicating that an action has already been repeated

你上星期已經參觀了一次,怎麼今天又去參觀了?

他昨天沒有來,今天又沒有來。

(2) 有所補充 Supplementing the previous action

我昨天去了商店,又看了電影。

他沒有去上課,又沒有好好復習,所以考得很不好。

(3) 同時存在的情況 Indicating the coexistent conditions

他們又唱又跳。

這個姑娘又年輕又漂亮。

(4) 兩件矛盾的事情或情況 Indicating two contradictory things or conditions

她很怕冷,又不願意多穿衣服。

我很想跟你聊聊,可是又怕你沒有時間。

六、字與詞　Chinese Characters and Words

區別多音多義字 Distinguishing the characters with multiple pronunciations and meanings

Eleven percent of the 3,500 most commonly-used Chinese characters have multiple pronunciations and meanings. For example, "還" has two pronunciations. when used as an adverb, it is pronounced "hái", as in "還有,還想"; when used as a verb, it is read as "huán", as in "還書,還貸款". "好" also has two pronunciations the first, "hǎo" as in "好書,好地方", and the second, "hào" as in "愛好". The meanings expressed by the different pronunciations are completely different,so we must be careful to distinguish them.

Now that you have finished Book One to Book Three of *The New Practical Chinese Reader*, you should have learned over 1600 elementary vocabulary items, of which 1300 are required to master, along with over 1000 Chinese characters and the basic grammatic items with 300 key sentences. You can express your ideas about daily life and certain social topics and communicate with other people. With the help of a dictionary you can also read simple essays.

Congratulations on having completed the initial stage of your study of Chinese.

Book Four of *The New Practical Chinese Reader* will guide you to the intermediate level of Chinese.

第二十七课 Lesson 27

入乡随俗

(一)

服务员：几位来点儿什么？①

陆雨平：来一壶茶，再来一些点心。

服务员：好的，请稍等。

陆雨平：这就是我常说的老茶馆。今天我把你们带到茶馆来，你们可以了解一下我们这儿的风俗。

马大为：茶馆里人不少，真热闹。

林　娜：他们说话的声音太大了。

服务员：茶—来—了！您几位请慢用。②

马大为：我们正在说声音大，这位服务员的声音更大。

王小云：茶馆就是最热闹的地方。有的人还把舞台搬进茶馆来了，在茶馆里唱戏，比这儿还热闹呢。

林　娜：我觉得，在公共场所说话的声音应该小一点儿。来中国以后，我发现在不少饭馆、商店或者车站，人们说话的声音都很大。说实在的，我真有点儿不习惯。

王小云：到茶馆来的人都喜欢热闹。大家一边喝茶，一边聊天，聊得高兴的时候，说话的声音就会越来越大。喜欢安静的人不会到茶馆来。他们常常到别的地方去，比如去咖啡馆。③

陆雨平：林娜说得对。在公共场所，有的人说话的声音太大了。

王小云：我想在这儿聊一会儿天，可是你们都觉得这儿太闹。好，咱们走吧。前边有一个公园，那儿人不多。咱们到那个公园去散散步。

马大为：好的，咱们一边散步，一边聊天。

(二)

丁力波：我们把自己的看法说出来，你们会不高兴吗？

陆雨平：当然不会。我们常跟外国朋友在一起，知道不同国家的人有不同的习惯。对我们来说，这很正常。④

丁力波：不了解外国文化的人会怎么想呢？

王小云：有些事儿他们会觉得很不习惯，比如说，中国人吃饭用筷子，西方人吃饭用刀叉。西方人把食物放在自己的盘子里，把大块切成小块，再把它送到嘴里。如果手指上有点儿食物，就舔手指，有的中国人看了也很不习惯。

马大为：用刀叉吃饭，把手指上的食物舔干净，那是我们的好习惯。力波，你说是不是？

丁力波：是啊。我们从小到大⑤都这样做。

王小云：可是在我们这儿，吃饭的时候舔手指不是好习惯。

陆雨平：我看应该"入乡随俗"。⑥我们在国外的公共场所说话的声音要小一点儿；你们到中国人家里吃饭也不一定要舔手指。

丁力波：对，我就是"入乡随俗"：吃中餐的时候，我用筷子；吃西餐的时候，我用刀子、叉子。我觉得都很好。我爸爸妈妈他们也都是这样。

王小云：力波，把"入乡随俗"翻译成英文，该怎么说？

礼轻情意重

(一)

陆雨平：今天是中秋节，① 中国人喜欢全家在一起过这个节日。今天，我们也一起过。

马大为：谢谢你，雨平。今天我们可以了解一下中国人是怎么过中秋节的。中秋节有春节那么热闹吗？

宋　华：中秋节虽然没有春节热闹，但是它也是一个重要的节日。

王小云：我们准备了中秋月饼、水果、茶、啤酒，咱们一边吃月饼，一边赏月，怎么样？

丁力波：好啊！对了，我们还有一些小礼物要送给你们。

陆雨平：我们也要送给你们一些小礼物。

宋　华：我先来吧。力波，这是我给你的小纪念品，希望你喜欢。

丁力波：啊，是毛笔，文房四宝之一，② 还是名牌的呢！③ 这哪儿是小纪念品？这是一件大礼物。我要把它放在我的桌子上，每天都能看到它。

陆雨平：你不是喜欢中国书法吗？用了名牌毛笔，你的字一定会写得更好。

王小云：林娜，我给你带来了一件小礼物。你看看喜欢不喜欢。

林　娜：一条围巾，是中国丝绸的！太漂亮了！

丁力波：漂亮的林娜，戴上这条漂亮的围巾，就更漂亮了。

林　娜：是吗？我哪儿有你说的那么漂亮？小云，真谢谢你！对我来说，这是最好的礼物。

陆雨平：我没有更好的礼物送给大为，我知道他喜欢中国音乐，就送他一套音乐光碟。

马大为：你们看，我收到的礼物最好了，一套音乐光碟，是中国民乐！谢谢。

陆雨平：不客气，一点儿小意思。④

丁力波：该我们了吧？我们也有一些礼物送给你们，这是给宋华的。

宋　华：谢谢！

马大为：雨平，这是给你的。

陆雨平：非常感谢！

林　娜：小云，看看我给你的礼物。

王小云：谢谢你！

宋　华：大家都送完礼物了，我看，咱们该吃月饼了！

陆雨平：祝大家中秋快乐！干杯！

大　家：干杯！

王小云：快来看，月亮上来了。今天的月亮多美啊！

（二）

马大为：我们第一次过中国的中秋节，又收到了那么好的礼物，大家都很高兴。不过，我有个问题想问问你。⑤

宋　华：什么问题？

马大为：我们收到礼物，就马上把它打开，看看是什么。你们拿到礼物以后，只看看外边，不打开，好像没有我们那么想知道里边是什么。这是为什么？

宋　华：我先问你，收到礼物的时候，你们为什么要马上打开看呢？

马大为：我们把礼物打开看，称赞礼物，表示感谢，这是尊重送礼物的人。当然，也希望自己能得到一种惊喜。你们的习惯我就不懂了，你们不喜欢别人给你们礼物吗？

王小云：当然不是。朋友送的礼物怎么会不喜欢呢？我们收到朋友的礼物，一般不马上打开看，这也是尊重送礼物的人。我们觉得送什么礼物不重要。人们常说礼轻情意重，重要的是友谊。

马大为：是这样！⑥说真的，那天你们没有打开，我们还有点儿担心呢。

王小云：担心什么？

马大为：担心你们不喜欢我们的礼物。

宋　华：你说到哪儿去了。⑦你们送的礼物都很好。比如说，丁力波送的加拿大糖，不是很有特色吗？我们都很喜欢。

丁力波：你们都很喜欢，我太高兴了。

请多提意见

（一）

张教授：你们来了！欢迎，欢迎！快请进。

林　娜：张教授，这是给您的花儿。

张教授：谢谢。你们太客气了。请坐，喝点儿什么？

林　娜：喝茶吧。您的书房很有特色：墙上挂着中国字画，书架上放着这么多古书，桌上放着文房四宝，外边还整整齐齐地摆着这么多花儿，还有盆景呢。这些花儿真漂亮，都是您种的吗？

张教授：不，都是买的。不过它们在我这儿长得越来越好，现在也开花了。

丁力波：这叫君子兰吧？长长的绿叶，红红的花，真好看。

张教授：是叫君子兰。① 这种花很好养，② 开花的时间也比较长。

林　娜：养花真有意思。我明天下了课就去买盆花，③ 摆在宿舍里。我也有花儿养了。

马大为：养花是有意思，可是你能养好吗？

林　娜：当然能养好！我看，养花没有学汉语那么难吧。

张教授：养花是不太难。不过，要把花养好，那就不容易了。人们常说"姑娘爱花"，林娜喜欢养花，我想她一定能养好。

林　娜：谢谢，张教授，我也是这样想的。

丁力波：这些盆景都是您自己的作品吧？

张教授：是的。工作累的时候，我就到外边去浇浇花，把这些盆景修整修整。这是很好的休息。

丁力波：盆景是一种艺术，听说，种盆景很不容易。张教授，您还真是一位园艺师呢！

张教授：我哪儿是园艺师？这只是一点儿爱好。

（二）

丁力波：张教授，我很喜欢中国书法，也跟老师学过，可是进步不快。我不知道该怎么办？

张教授：学习书法要多看、多练。人们常说，如果你每天都认认真真地练，不用一百天，就能把汉字写得很漂亮。当然，要把汉字写成书法艺术作品，还要更多地练习。

丁力波：张教授，我想请您给我写一幅字，不知道行不行？

张教授：我的字很一般，你应该多看书法家的字。

丁力波：我知道您的书法很有名。这幅字能给我吗？

张教授：这幅字被我写坏了。我今天刚写了一幅，你看上边写着什么？

丁力波："弟子不必不如师，师不必贤于弟子"。④张教授，请问，这个句子是什么意思？

张教授：这是唐代一位文学家说过的话，意思是，学生不一定不如老师，老师也不一定比学生高明。老师和学生应该互相学习。

丁力波：谢谢您，张教授。这幅字很有意思，我要把它挂在我宿舍的墙上。

张教授：对了，这是我刚写的一本书，送给你们，每人一本。我已经把你们的名字写上了，请多提意见。⑤

马大为：是《汉字书法艺术》，谢谢您。张教授，您太谦虚了。您是老师，我们才学了这么一点儿中文，怎么能提出意见呢？

张教授：那位唐代文学家是怎么说的？"弟子不必不如师，师不必贤于弟子"。

他们是练太极剑的

（一）

丁力波：现在八点半了，街上还这么热闹。

宋　华：这儿的人吃完晚饭都喜欢出来活动活动。你看，人们又唱又跳，玩儿得真高兴。

马大为：那儿来了很多人，一边跳舞，一边还敲锣打鼓。他们在跳什么舞？

宋　华：他们在扭秧歌呢。

马大为：扭秧歌？我听说过。

宋　华：这是中国北方的一种民间舞蹈，叫做秧歌舞。秧歌舞的动作又简单又好看，小孩儿、大姑娘、小伙子、老人都可以跳。对老人来说，现在扭秧歌已经是一种锻炼身体的活动了。他们很喜欢扭，常常扭得全身出汗。

马大为：我看，这种舞很好跳，我也能很快地学会。我跟他们一起扭，可以吗？

宋　华：当然可以。

马大为：不行，我还得先把动作练一练，要不，大家就都看我一个人扭了。① 前边又走过来了不少老人，他们手里都拿着什么？

宋　华：他们是练太极剑的，手里拿的是剑。太极剑也是一种中国武术，练太极剑可以很好地锻炼身体。我妈妈以前常常生病，不能工作，后来，她就练太极剑。② 练了两年，她身体好了，现在可以上班了。力波，你不是每天早上都学太极拳吗？现在你学得怎么样了？

丁力波：现在我已经会打太极拳了。最近，又开始学太极剑。我觉得打太极拳、练太极剑对身体是很好。

宋　华：太极剑的动作非常优美，练太极剑就没有扭秧歌那么容易了。

马大为：你们看，街心花园那儿围着很多人。那儿安静得没有一点儿声音，他们在做什么呢？咱们过去看看。

（二）

丁力波：他们在下棋呢。宋华，你喜欢下棋吗？

宋　华：喜欢。我也喜欢看别人下棋。我觉得看别人下比自己下更有意思。有的时候我看得忘了吃饭。

马大为：所以那些站在旁边的人也是在看下棋？

宋　华：是啊，常常两个人下棋，很多人围着看。看的人和下的人也可能互相不认识。

马大为：这很有意思。

丁力波：东边的立交桥下还有很多人呢。你听见了吗？那是唱京剧的。

马大为：京剧团怎么到这儿来唱呢？

宋　华：他们不是京剧团的，他们是这个小区的京剧爱好者，也都是些老人。以前他们工作的时候，忙得没有时间唱。现在他们人退休了，休闲的时间也多了，晚上就来这儿高高兴兴地唱一唱。因为爱好一样，不认识的人也都成了朋友。一般地说，到这儿来唱的人水平都还可以，喜欢听京剧的就围过来听。他们听得高兴的时候，也可以叫"好"！这也是他们的一种休闲方式。

马大为：真有意思。我发现这儿老人的休闲活动有很多特点。简单地说，第一，他们非常注意锻炼身体；第二，最重要的是，他们喜欢很多人在一起活动；第三，有的人做，有的人看，可能互相不认识，可是大家都玩儿得很高兴。

宋　华：你说得很对。当然，这儿老人的休闲方式还很多。早上有做操的，有跑步的，有爬山的，有游泳的，也有带着自己的小狗散步的，还有在家练书法的、养花的。③

马大为：年轻人呢？

宋　华：年轻人的休闲活动就更多了。你看，街对面的网吧门口，进进出出的都是年轻人，④旁边的舞厅里又出来了两个小伙子。

中国人叫她"母亲河"

(一)

林　娜：宋华，学校让我和力波参加"中国通知识大赛"。我们虽然来中国一年多了，可是对中国的地理知识还了解得不太多。现在只有一个多月的时间准备了，我们着急得吃不下饭，睡不好觉。①

宋　华：一共有多少人参加这次比赛？

丁力波：听说有二十几个人。

宋　华：不用着急。你们只要认真准备，就一定会得到好的成绩。

丁力波：你帮我们准备一下，好吗？

宋　华：好啊。我先问你们一个问题：中国很大，她有多大呢？

丁力波：中国的面积有九百六十万平方公里，② 从东到西，有五千多公里，从南到北，有五千五百多公里，是世界第三大国家。

林　娜：对。俄罗斯最大。中国比美国大一点儿，比加拿大小一点儿。

宋　华：中国的人口有多少？

丁力波：中国的人口，包括大陆、台湾、香港和澳门，一共有十二亿九千多万人。③中国是世界上人口最多的国家。

宋　华：回答正确。下一个问题：世界上最高的地方在哪儿？

林　娜：在中国的西藏。

宋　华：世界上最高的山峰叫什么？她有多高？

丁力波：世界上最高的山峰叫珠穆朗玛峰，她有8800多米高。

宋　华：中国最长的河是不是黄河？

林　娜：不是。中国第一大河是长江，有6300多公里长。它也是世界第三大河。黄河是中国第二大河，有5400多公里长。

宋　华：中国人为什么叫黄河"母亲河"？

丁力波：黄河是中华民族的摇篮，所以中国人叫她"母亲河"。④

(二)

宋　华：大为，刚才有人给你打电话了。

马大为：那可能是我的一个朋友打来的。要放长假了，有几个朋友想去旅游，可是还没有决定去哪儿。

宋　华：中国的名胜古迹太多了，有名的少说也有五六百个。⑤只要你喜欢旅游，每个假期都有地方去。

马大为：先去哪儿呢？我已经去过两三个地方了，比如海南岛、西安。对了，还有泰山。

宋　华：你喜欢游名胜古迹，还是喜欢看自然景色？

马大为：都喜欢。我特别喜欢爬山，爬又高又美的山。

宋　华：好啊。去爬珠穆朗玛峰吧，那是全世界最高的山。

马大为：那座山高了点儿，我的身体差了点儿，时间也少了点儿。

宋　华：黄山你还没有去过吧？

马大为：还没去过。黄山怎么样？

宋　华：那儿的景色是世界有名的。早在1200多年以前，黄山就已经是中国的名胜了。⑥你在那儿可以看到，从早到晚景色在不停地变化着。而且不同的人看，感觉也不一样。它最美的景色是白云、松树和山峰。你从山上往下看，白云就像大海一样，⑦人们叫它"云海"。黄山的松树和山峰也都很有特色。很多山峰样子都非常奇怪，所以叫做"奇峰"，松树就长在这些奇峰上。云海、松树和奇峰在一起真是美极了！不但中国人喜欢游黄山，而且外国朋友也常去那儿。

马大为：黄山有一棵树叫做"迎客松"吧？

宋　华：对！那棵古松有1000多岁了，它每天都在热情地欢迎游黄山的朋友们。

马大为：好，下星期我就去黄山旅游。

这样的问题现在也不能问了

马大为：请问，从这条小路能上山顶吗？

小伙子：我想可以。我也要上去，咱们一起往上爬吧。

马大为：好啊！

小伙子：您第一次游览黄山吧？您怎么称呼？①

马大为：我叫马大为。

小伙子：太巧了，我也姓马，你叫我小马吧。②我看你的岁数跟我的差不多，③可能大一点儿。你今年有二十五六了吧？

马大为：你就叫我老马。

小伙子：你在哪儿工作？

马大为：我还在读书呢。④

小伙子：哦，你是留学生。你汉语说得真棒！

马大为：很一般。

小伙子：我见过几位老外，他们汉语说得没有你好，你说得最好。你们来中国留学，父母还得给你们很多钱吧？

马大为：不一定。

小伙子：那你得一边学习一边挣钱了？结婚了没有？

马大为：你累不累？我又热又累，咱们喝点儿水吧。我说小马，你在哪儿工作？

小伙子：我在一家网络公司工作。

马大为：哦，你是搞网络的，工资一定很高吧？

小伙子：不算太高。

马大为：我想只要在高新技术企业工作，收入就不会低。

小伙子：那也得看公司和个人的情况。⑤

马大为：你们公司怎么样？

小伙子：还行吧。⑥

马大为：你的收入一定不低了？

小伙子：我去年才开始工作，收入还凑合。

马大为："还凑合"是什么意思？

小伙子：就是"马马虎虎"的意思。

马大为：啊！你看，那边围着很多人，那不是"迎客松"吗？

小伙子：是，就是那棵"迎客松"。大家都在那儿照相呢，咱们也去照张相吧。

马大为：好啊！

宋　华：这次旅游怎么样？

马大为：好极了，黄山的名胜古迹我差不多都欣赏了。美丽的黄山真是名不虚传。

宋　华："名不虚传"用得真地道。

马大为：这是跟一起旅行的中国朋友学的。不过，聊天的时候，几个中国朋友把我围在中间，问了很多问题，问得我没办法回答。

宋　华：他们问了你一些什么问题？

马大为：差不多把个人的隐私都问到了，比如，问我多大、家里有几口人、每月挣多少钱、结婚没有、有没有住房什么的。⑦对了，还问我的背包是多少钱买的。

宋　华：这是关心你嘛！

马大为：可是我们认为这些都是个人的隐私。别人愿意说，你可以听着；如果别人不想说，这些问题就不能问。

宋　华：对这些问题，我们的看法是不太一样。我们认为，问这些只表示友好和关心。

马大为：我拿多少工资是我自己的事儿，他为什么要知道？我被他们问得不知道该怎么办，这哪儿是关心？

宋　华：问问题的小伙子可能很少见到外国人，他有点儿好奇，就问得多一些。你知道吗？中国人以前收入都不太高，收入当然是最重要的一件事儿。所以互相问工资是表示关心。

马大为：哦，是这样。可是，我问那个小伙子每月挣多少钱，他也不愿意把他的工资收入清清楚楚地告诉我。

宋　华：可以说以前这不是隐私，可是现在是了，这样的问题现在也不能问了。不过，这也是向西方文化学的。

马大为：你们学得真快。宋华，今天我也想关心你一下：你爸爸、妈妈每月有多少工资，你能告诉我吗？

宋　华：可以。"比上不足，比下有余"，够花了。⑧

保护环境就是保护我们自己

(一)

陆雨平：好，灵山到了。

王小云：车还上得去吗？

陆雨平：上不去了，请下车吧！你们先往山上走。我把车停好，马上就来。

林　娜：这儿空气真好。

陆雨平：林娜、小云，山很高，你们爬得上去吗？

王小云：没问题，我们一步一步地往上爬吧。

宋　华：你们可能不知道，灵山是北京最高的地方。有位女科学家发现，这儿的自然环境跟西藏高原差不多。

林　娜：好啊，今天我们来参观灵山的藏趣园，就可以欣赏一下西藏的高原景色了。

马大为：藏趣园是不是国家公园？

王小云：不是。藏趣园是那位女科学家建立的一个植物园，年年都有很多中小学生来这儿过夏令营。① 学生们在这样的环境里，既能欣赏自然景色，又能接受保护环境的教育。

丁力波：这个好主意是怎么想出来的？

王小云：那位女科学家在西藏工作了 18 年。1996 年，她退休了，想在北京找一个地方继续她的科学研究。因为灵山的自然条件很像西藏高原，她就把西藏的一些植物移植到这儿来。她还盖了一个在西藏住过的那种小木屋。你看见了吗？小木屋就在前边！

林　娜：在哪儿呢？我怎么看不见？哦，是不是那棵大树旁边的屋子？

王小云：对。网上有一篇文章叫《小木屋》，你读过吗？那就是写这位女科学家的。

林　娜：没读过。我现在还看不懂中文网上的长文章。

(二)

陆雨平：今天的报纸来了，我写的植树节的消息登出来了。②

王小云：我看看。那天很多人都去郊区植树，一些外国人也参加了。

陆雨平：现在人人都关心北京的绿化，③ 因为保护环境是非常重要的事儿。

林　娜：我最担心空气污染。还有，听说沙漠正一年一年地向北京靠近，最近的地方离北京还不到 100 公里。④ 这真是个大问题啊。

马大为：北京市正在努力解决空气污染的问题。我们也感觉得出来，现在这儿的空气比我们刚来的时候好多了。

陆雨平：看得出来，你们也很关心北京的环保问题。现在，种树是保护环境的重要办法之一。北京有不少种纪念树的活动，比如说，种结婚纪念树、生日纪念树、全家纪念树什么的。大家不但要把树种上，而且棵棵都要种活。我的这篇文章就是写一位非洲外交官参加种树的事儿。这位外交官很喜欢北京，植树节那天，他带着全家人种了一棵"友谊树"。在北京的外交官们都喜欢一家一家地去参加这种活动。

林　娜：你们来看，这几张照片是大为拍的。这张照片上是一位老人和他的小孙子在种树。一棵一棵的小树排得多整齐啊！天上的白云也照上了，照得真美！

王小云：张张照片都拍得很好。想不到，大为照相的技术还真不错。

林　娜：你知道吗，大为的作品还参加过展览呢。

陆雨平：这些照片确实很好，应该在报上登出来，让更多的人知道种树多么重要。

林　娜：北京既是中国的首都，又是世界有名的大都市。保护北京的环境，跟每个在北京生活的人都有关系。⑤

马大为：你说得很对。保护环境就是保护我们自己。

神女峰的传说

(一)

小燕子：大为，吃饭了。

马大为：我站起来就头晕，不想吃。再说，船上的菜个个都辣，① 我可吃不下去。②

小燕子：前几天，四川菜你吃得很高兴啊！而且，你还讲过一个故事：有三个人比赛吃辣的，一个是四川人，他说不怕辣，一个是湖北人，他说辣不怕，一个是湖南人，他说怕不辣。你说你是怕不辣的，今天怎么又说四川菜太辣？③ 是不是晕船啊？

马大为：不知道。

小燕子：喝点儿可乐吧。

马大为：这可乐的味儿也不对了。好像也有辣味儿了，跟我在美国喝的不一样。

小燕子：可乐哪儿来的辣味儿？

马大为：我不想喝。这儿连空气都有辣味儿，我觉得全身都不舒服。

小燕子：晕船的药你吃了没有？④

马大为：晕船的药我带来了，可是没找着。我不记得放在哪儿了。

小燕子：没关系，我到医务室去，给你要点儿。

马大为：谢谢。

……

小燕子：晕船药要来了。你把它吃下去，一会儿就好了。

马大为：刚才我睡着了。船开到哪儿了？好像停住了。外边安静得听不见一点儿声音。我想出去看看。

小燕子：你可别出去。刮风了，外边有点儿凉。你应该吃点儿什么。

马大为：我头晕好点儿了。不过，还不想吃东西，就想睡觉。

小燕子：那你就再睡一会儿吧。快到三峡的时候，我一定叫你。

(二)

小燕子：快起来，我们去看日出。

马大为：你先去吧。我把咖啡喝了就去。

小燕子：你今天好点儿了吧？昨天还没有到神女峰呢，就被神女迷住了，晕得连可乐也不想喝了。

马大为：别提了，昨天我是晕了。⑤ 既有美丽的神女，又有从早到晚为我忙的小燕子，你们把我迷住了。

小燕子：你又来了。⑥

马大为：三峡实在是太美了！李白的一首诗我记住了两句："两岸猿声啼不住，轻舟已过万重山。"

小燕子：我看应该说，"大为头晕止不住，游船已过万重山"。

马大为：小燕子，你又开玩笑了。我们一起来欣赏三峡景色吧。

小燕子：三峡有很多传说，最感人的是神女峰的传说。

马大为：你说说。

小燕子：神女峰是三峡最有名、最美的山峰。很久很久以前，西王母让她美丽的女儿来三峡，为来往的大船小船指路。⑦她日日夜夜地站在那儿，后来就成了神女峰。

马大为：三峡的景色真像是一幅中国山水画。坐船游三峡，真是"船在水中走，人在画中游"。

小燕子：过几年你再来游览三峡，还会看到新的景色，那就是世界第一大坝——三峡大坝。

第三十五课 Lesson 35

汽车我先开着

（一）

王小云：妈，开始工作以后，我就要买汽车。

母　亲：什么？你现在还没开始工作，就想买汽车？真不知道你每天都在想些什么？

王小云：这跟工作没关系。

母　亲：怎么没关系？年轻人骑着自行车上班，不是挺好的吗？既锻炼了身体，又节约了钱。你爸爸一辈子都这样。为什么你就不能向你爸爸学习呢？

王小云：都21世纪了，还骑自行车上班！① 自己开车多方便，我想去哪儿就去哪儿！再说，开车最少比骑车快一倍，可以节约二分之一的时间。您知道吗？时间就是生命，时间就是金钱。

母　亲：就是21世纪，生活也得艰苦朴素，也得勤俭过日子。

王小云：大家都艰苦朴素，国家生产的汽车怎么办？都让它们在那儿摆着？经济怎么发展？

母　亲：买汽车是有钱人的事儿。② 我和你爸爸都没钱，你什么时候挣够了钱，什么时候再买汽车。

王小云：您别管，我自己会想办法。

母　亲：你还能想出什么办法来？告诉你，你可别想着我们的那点儿钱啊。那是我和你爸爸一辈子的积蓄。

王小云：您放心吧，您的钱我一分也不要。我想好了，等我工作以后，我就去向银行贷款。③

母　亲：贷款买车？你疯了！

王小云：妈，现在贷款买车的人越来越多了。

（二）

母　亲：贷款不就是借债吗？你为买车借债？这就是你想的好办法？

王小云：对啊！

母　亲：我告诉你，不行！绝对不行！

王小云：为什么不行呢？

母　亲：我这辈子一次债都没有借过。就是过去困难的时候没钱买米，我也不借债。你不能给我丢人。④

王小云：我向银行贷款，按时还钱，这怎么是丢人呢？

母　亲：你都借钱过日子了，还不丢人？再说，银行怎么会借给你钱？

王小云：这您就不了解了。您以为谁想借银行的钱谁就能借到？银行的钱只借给两

-220-

种人……

母　亲：哪两种人？

王小云：一种是有钱人……

母　亲：你说什么？有钱人还借债？

王小云：对。另一种是有信用的人。

母　亲：你不能算第一种人吧？

王小云：对，我不是第一种人，可我是第二种人。⑤

母　亲：你有"信用"？你的"信用"在哪儿？

王小云：您听我说，我工作以后，有了稳定的收入，这就开始有了信用。我先付车
款的十分之一或者五分之一，其余的向银行贷款。汽车我先开着，贷款我
慢慢地还着。每年还百分之十或二十，几年以后，我把钱还完了，车就是
我的了。我先借了钱，又按时还了钱，我的信用也就越来越高了。那时候，
我又该换新车了。我再向银行借更多的钱，买更好的车。我不但要借钱买
车，而且还要借钱买房子，借钱去旅游，借钱……

母　亲：这叫提高信用啊？我看，你在说梦话。

王小云：您不知道。在商品经济时代，信用就是这样建立的。跟您这么说吧，一辈
子不借钱的人……

母　亲：我认为他最有信用！

王小云：不对。他一点儿"信用"也没有！妈，您老的观念跟不上时代了，⑥得变一
变了。您要学会花明天的钱，实现今天的梦。这对国家、对个人都有好处。

母　亲：你爱怎么做就怎么做，我不管。让我借债来享受生活，我做不到。

北京热起来了

马大为：小燕子，我有个朋友要来中国旅游，他问我，什么季节来比较好。中国这么大，气候一定很复杂吧？

小燕子：没错儿。从热带到寒带，各种气候中国差不多都有。①

马大为：北京的气候有什么特点？

小燕子：一年有春、夏、秋、冬四个季节，非常清楚。

马大为：可是我觉得这儿只有冬天，好像没有春天。

小燕子：北京有春天。应该说：这儿的春天很短，冬天很长。

马大为：3月房子里的暖气还没停，现在都4月了，气温才11度，我还穿着羽绒服呢。

小燕子：是啊！从11月到第二年4月，北京天气都很冷，常常刮大风，有时候还下雪。三四月南方各种花都开了，可是北京还比较冷，有时候人们还得穿着冬天的衣服。

马大为：就是。你看我就穿得这么多，连路也走不动了。

小燕子：可是北京一到5月，天气就热起来了。姑娘们也开始穿裙子过夏天了。

马大为：我很喜欢北京的夏天。当然，最好秋天来北京旅游。

小燕子：对，秋天是北京最好的季节，天气很凉快，不刮风，不下雨，不冷也不热，非常舒服。你朋友秋天来得了吗？

马大为：我想他来得了，不过还得问问他。

小燕子：除了秋天以外，别的季节也可以来中国旅游。因为各个地方的特点不同，一年四季都有很好的旅游路线。比如春天可以欣赏江南山水，秋天可以游览内蒙草原，夏天去东北，冬天到海南岛。我这儿有一些旅游介绍，你可以寄给他。

马大为：太好了！我一回去就给他打电话，让他秋天来。就是秋天来不了，也没关系，还可以有很多别的选择。

小燕子：对，什么时候能来就什么时候来，想去哪儿就去哪儿。

丁力波：小云，你在读什么书呢？

王小云：《唐诗选》③，以前我现代诗看得比较多，现在我也喜欢起古诗来了，特别是唐诗。

丁力波：唐诗在中国文学史上非常重要，是不是？

王小云：是啊，像李白、杜甫都是中国最伟大的诗人。④

丁力波：他们跟莎士比亚一样有名吧？

王小云：没错儿，他们都是世界有名的诗人。不过，他们比莎士比亚的岁数可大多了。

丁力波：莎士比亚是四百多年以前的人啊。

王小云：李白如果活着，该有一千三百多岁了。

丁力波：比莎士比亚早那么多！中国文学的历史真长。这些古诗我们现在恐怕还读不了。我记得小时候，我妈妈教过我一首李白的诗。

王小云：哪一首诗，你还背得出来吗？

丁力波：我试试。

> 床前明月光，
> 疑是地上霜。
> 举头望明月，
> 低头思故乡。

王小云：你唐诗记得很熟啊！

丁力波：谢谢。可是除了这首诗以外，别的诗我都背不出来了。

王小云：你是不是想妈妈了？

丁力波：是，昨天我收到了妈妈的信。信写得很长，一共三页。

王小云：杜甫说过"家书抵万金"。"书"是"信"的意思，家里来的信是很珍贵的。

丁力波："家书抵万金"，多么好的诗啊！我要给妈妈回一封长信，我有好多话想对她说。

王小云：恐怕五页也写不下吧？

谁来埋单

（一）

林　娜：小云、力波、宋华，你们今天晚上都有空儿吗？咱们到外边吃晚饭去。①

王小云：好啊，我们都去，人越多越热闹。去哪家饭馆呢？

宋　华：去哪家都行。

丁力波：对，只要不是学校餐厅的菜，我什么都想吃。咱们走吧。

……

林　娜：大为，你再来一点儿。

马大为：今天的菜味道好极了，我吃得太多，实在吃不下了。

林　娜：大家都吃好了吧，服务员，埋单。②

服务员：好，这是账单。

宋　华：把账单给我。

王小云：我来付。

服务员：谢谢，您这是二百，请稍等。

林　娜：怎么回事儿？③我请你们吃晚饭，你们怎么都抢着埋单？你们比我动作还快！

王小云：谁埋单都一样。

林　娜：今天是我约大家来的，就该由我付钱。④

王小云：你就下回再付吧。

丁力波：我怎么也不明白，为什么你们人人都要埋单？好吧，咱们就 AA 制吧。

王小云：不行，这次我来，下次再 AA 制。

林　娜：为什么？小云，我请客，你埋单，这不成了笑话了吗？

宋　华：你要听笑话，我可以给你们讲一个。有人说，要是看见很多人在球场上抢一个橄榄球，那可能是美国人；要是看见很多人在饭馆里抢一张纸，那就很可能是中国人。

丁力波：为什么中国人喜欢这样做呢？

宋　华：我们跟朋友在一起的时候，一般不希望给别人添麻烦，都愿意自己多拿出一些。当然有的人也可能是想表示自己大方。所以，如果几个中国人一起在饭馆吃饭，事先没有说清楚由谁请客，最后大家就会抢着埋单。你们看，对面的那几位抢得比我们还热闹呢。

（二）

宋　华：你们喜欢吃羊肉吗？

马大为：喜欢。上星期六，我们班同学跟陈老师一起去内蒙草原旅游，还吃了烤全羊呢！

宋　华：烤全羊？你们几个人吃得了吗？

马大为：吃得了。我们班的同学除了林娜以外都去了。包括陈老师，一共 16 个人呢。

丁力波：我们是按蒙族的习惯吃的。⑤大家一坐好，两个蒙族姑娘就抬出了烤好的羊。还有两个姑娘，一个举着酒杯，一个拿着酒壶，慢慢地向我们走过来。她们站在我们的桌子前边，唱起蒙族民歌来。

宋　华：有意思，说下去。

丁力波：这时候，饭店的经理向大家表示欢迎。他说："欢迎各国朋友来我们内蒙草原旅游。今天晚上，请大家按蒙族的习惯吃烤全羊。首先，由我们这四位姑娘向你们敬酒，⑥请你们中间岁数最大、最受尊敬的人喝第一杯酒，吃第一块烤羊肉。"

宋　华：谁喝了第一杯酒？

马大为：当然是陈老师，她比我们岁数大。

丁力波：四位姑娘唱着蒙族民歌，向陈老师敬酒。然后，请陈老师吃第一块羊肉。

马大为：陈老师吃了羊肉以后，四位姑娘又接着唱下去，⑦给我们每个人敬酒、敬烤羊肉。我们也跟着唱起来。大家越唱越高兴，这个晚上过得非常愉快。

宋　华：你们吃过内蒙的烤全羊了，下个星期六，我请大家吃地道的新疆烤羊肉。

你听,他叫我"太太"

（一）

杰　克：大为、小燕子,告诉你们一个好消息——我结婚了! 玉兰嫁给我了!

小燕子：等一等,你结婚了? 你们是什么时候结婚的? 我们怎么都不知道?

杰　克：我结婚,我自己知道就行了。再说,我们是旅行结婚,一回来就告诉你们,不算晚吧?①

小燕子：祝贺你们新婚愉快,生活幸福。

杰　克：谢谢。

小燕子：你只让我们知道还不行,还得……

杰　克：对,我们早就去政府登记了,也拿到了结婚证。

小燕子：我想说的不是这个意思。

杰　克：那是什么意思?

小燕子：我是说,你还得请客。

杰　克：那当然。这是我们的喜糖,来,请吃糖。

小燕子：喜糖我们收下了,但这还不算是请客。

马大为：杰克,按中国人的习惯,结婚要举行婚礼。墙上、门上要贴红双喜字,新娘要坐花轿,还要摆宴席,请很多客人来。婚礼热闹得很。②

杰　克：要举行婚礼,我明白。我们西方人一般是在教堂举行婚礼。说到宴席,我们只请亲戚朋友在一起喝杯酒,③唱唱歌,跳跳舞,高兴高兴。除了特别有钱的人以外,一般都不摆宴席。

小燕子：我表姐的家在农村,结婚宴席可不只是喝杯酒。

杰　克：还有什么?

小燕子：你等着你岳父、岳母教你吧。④

（二）

玉　兰：杰克,到了我家,见了我父母,你得叫爸、叫妈。记住了吗?

杰　克：记住了。你说得很容易,可是我怎么开得了口?

玉　兰：怎么开不了口? 你跟着我叫吧。

杰　克：好,记住了。

玉　兰：爸、妈,我们回来了。最近我们忙得很,现在才有空儿回来看你们。

玉兰爸：哦,回来了就好。我跟你妈正在商量给你们办结婚宴席的事儿呢。

玉　兰：爸、妈,我们已经结婚好几个月了,⑤结婚宴席你们就别办了。再说……

玉兰爸：说什么咱们也得办。⑥这不是在你们北京城里,这是农村。

杰　克：先生，您听我们慢慢地说……

玉兰爸：什么？"先生"？你叫我"先生"！

玉　兰：杰克，我是怎么跟你说的，你说记住了，怎么又忘了？叫"爸"，叫"爸"呀！老爸，杰克还不太习惯。说到我们俩结婚的事儿，⑦现在得按新的办法办，您怎么还是老脑筋啊？⑧

玉兰妈：什么叫老脑筋？这是咱们的规矩。

杰　克：太太，您别生气……

玉兰妈：玉兰爸，你听，他叫我"太太"！

玉　兰：你得叫"妈"。妈，他还不懂我们的规矩。

玉兰妈：看得出来，他是不懂我们的规矩。你一个人跑到中国来，想怎么做就怎么做，你们村里的人谁也看不见。

玉　兰：妈，您这就不明白了，他不住在农村，他家在悉尼。

玉兰妈：哦，"在城里"。你们知道吗？结婚是一辈子的大事啊！什么都没有结婚重要！不请亲戚朋友和邻居吃饭，你们胡同的人不说你吗？⑨

杰　克：别说我们那条大"胡同"，连我住的那一座楼里，也没有人会批评我。跟您这么说吧，我们谁也不认识谁。

玉兰妈：可是我不能让村里人说我，说我女儿。

玉兰爸：我看就这么决定了：我们去饭馆里请两个好厨师，在家里摆十几桌宴席。除了亲戚朋友以外，把村里的人也请来，大家高高兴兴地喝几杯。

玉兰妈：对，就这样了。这事儿由我们来办，一定得热热闹闹地办。让大家也认识认识我们家的外国姑爷。

附録 Appendices

語法術語縮略形式一覧表
Abbreviations for Grammartic Terms

Abbreviations	Grammartic Terms in English	Grammartic Terms in Chinese	Grammartic Terms in Pinyin
A	Adjective	形容詞	xíngróngcí
Adv	Adverb	副詞	fùcí
AP	Adjectival phrase	形容詞性短語	xíngróngcíxìng duǎnyǔ
AsPt	Aspect Particle	動態助詞	dòngtài zhùcí
Coll	Colloquialism	口語詞語	kǒuyǔ cí yǔ
Conj	Conjunction	連詞	liáncí
IE	Idiom Expression	習慣用語	xíguàn yòngyǔ
Int	Interjection	嘆詞	tàncí
M	Measure Word	量詞	liàngcí
MdPt	Modal Particle	語氣助詞	yǔqì zhùcí
N	Noun	名詞	míngcí
NP	Noun Phrase	名詞性詞組	míngcíxìng cízǔ
Num	Numeral	數詞	shùcí
Num-MP	Numeral-measure word phrase	數量短語	shùliàng duǎnyǔ
O	Object	賓語	bīnyǔ
Ono	Onomatopoeia	象聲詞	xiàngshēngcí
OpV	Optative Verb	能願動詞	néngyuàn dòngcí
Pt	Particle	助詞	zhùcí
PN	Proper Noun	專有名詞	zhuānyǒu míngcí
Pr	Pronoun	代詞	dàicí
Pref	Prefix	詞頭	cítóu
Prep	Preposition	介詞	jiècí
PW	Place Word	地點詞	dìdiǎncí
QPt	Question Particle	疑問助詞	yíwèn zhùcí
QPr	Question Pronoun	疑問代詞	yíwèn dàicí
S	Subject	主語	zhǔyǔ
S-PP	Subject-predicate phrase	主謂短語	zhǔwèi duǎnyǔ
StPt	Structural Particle	結構助詞	jiégòu zhùcí
Suf	Suffix	詞尾	cíwěi
TW	Time Word	時間詞	shíjiāncí
V	Verb	動詞	dòngcí
VC	Verb plus Complement	動補式動詞	dòngbǔshì dòngcí
VO	Verb plus Object	動賓式動詞	dòngbīnshì dòngcí
VP	Verbal Phrase	動詞性詞組	dòngcíxìng cízǔ

生詞索引 (繁簡對照)
Vocabulary Index
(Traditional Script with Simplified Version)

繁體	簡體	詞性	拼音	英譯	課號

A

繁體	簡體	詞性	拼音	英譯	課號
AA制	AA制	(N)	AA zhì	(to go) dutch	37
愛好者	爱好者	(N)	àihàozhě	afficionaate; a lover of art, sports, etc.	30
安靜	安静	(A)	ānjìng	quiet	27
按	按	(Prep)	àn	according to	37
按時	按时	(Adv)	ànshí	timely; promptly; on time	35
澳門	澳门	(PN)	Àomén	Macao	31

B

繁體	簡體	詞性	拼音	英譯	課號
壩	坝	(N)	bà	dam	34
擺	摆	(V)	bǎi	to put; to place	29
班	班	(N)	bān	class	37
搬	搬	(V)	bān	to move; to take away	27
辦法	办法	(N)	bànfǎ	way; means; measure; method	32
棒	棒	(A)	bàng	(coll.) good, fine	32
包	包	(N)	bāo	bag; sack; satchel	32
包括	包括	(V)	bāokuò	to include	31
寶	宝	(N)	bǎo	treasure	28
保護	保护	(V)	bǎohù	to protect	33
杯(子)	杯(子)	(N)	bēi(zi)	cup	28
揹	背	(V)	bēi	to carry	32
揹包	背包	(N)	bèibāo	knapsack; backpack	32
背	背	(V)	bèi	to recite from memory	36
倍	倍	(M)	bèi	times (multiples); -fold	35
比較	比较	(Adv/V)	bǐjiào	comparatively; quite / to compare	29
比如	比如	(V)	bǐrú	to give an example; for instance	27
比上不足, 比下有餘	比上不足, 比下有余	(IE)	bǐ shàng bùzú, bǐ xià yǒuyú	better than some, though not as good as oters; fair to middeling	32
變	变	(V)	biàn	to change	35
表姐	表姐	(N)	biǎojiě	older female cousin	38
表示	表示	(V/N)	biǎoshì	to show; to express / expression	28
別人	別人	(Pr)	biéren	other people	28
餅	饼	(N)	bǐng	cake	28
病	病	(V/N)	bìng	to fall ill / disease	30
不必	不必	(Adv)	búbì	not necessarily	29

不過	不过	(Conj)	búguò	however; but	28
不如	不如	(V)	bùrú	to be not as good as; to be inferior to	29
步	步	(N)	bù	step	33

C

餐廳	餐厅	(N)	cāntīng	dining hall; dining room	37
藏趣園	藏趣园	(PN)	Zàngqùyuán	the Tibetan Botanical Garden	33
草原	草原	(N)	cǎoyuán	grassland	36
叉(子)	叉(子)	(N)	chā(zi)	fork	27
茶館	茶馆	(N)	cháguǎn	teahouse	27
差不多	差不多	(A/Adv)	chàbuduō	about the same / almost	32
長	长	(V)	zhǎng	to grow	29
長江	长江	(PN)	Cháng Jiāng	the Changjiang River (or Yangtze River)	31
場所	场所	(N)	chǎngsuǒ	place	27
稱	称	(V)	chēng	to call	32
稱呼	称呼	(V/N)	chēnghū	to call / a form of address	32
稱讚	称赞	(V)	chēngzàn	to praise	28
成績	成绩	(N)	chéngjì	achievement	31
出汗	出汗	(VO)	chūhàn	to sweat	30
除了……以外	除了……以外		chúle……yǐwài	except; besides	36
廚師	厨师	(N)	chúshī	cook; chef	38
傳説	传说	(N)	chuánshuō	legend	34
船	船	(N)	chuán	boat; ship	34
牀前明月光	床前明月光		Chuáng qián míng yuè guāng	"In front of the bed, the light of the bright moon shines."	36
春節	春节	(PN)	Chūn Jié	Spring Festival, Chinese New Year	28
湊合	凑合	(V)	còuhe	(coll.) to make do; to be passable; to be not too bad	32

D

大方	大方	(A)	dàfang	generous	37
大陸	大陆	(PN)	Dàlù	the Mainland (of China)	31
大事	大事	(N)	dàshì	important matter; major issue	38
貸	贷	(V/N)	dài	to borrow or to lend / loan	35
貸款	贷款	(VO/N)	dàikuǎn	to provide or to ask for a loan / loan	35
戴	戴	(V)	dài	to put on; to wear	28
單	单	(N)	dān	list	37
擔心	担心	(V)	dānxīn	to worry	28
刀(子)	刀(子)	(N)	dāo(zi)	knife	27
刀叉	刀叉	(N)	dāochā	knife and fork	27
得到	得到	(V)	dédào	to get	28
登	登	(V)	dēng	to publish (an essay, article, etc.)	33
登記	登记	(V)	dēngjì	to register	38
低頭思故鄉	低头思故乡		Dī tóu sī gùxiāng	"(I) lower my head and think of (my) beloued hometown."	36

地	地	(Pt)	de	(used to form an adverbial adjunct)	29
地道	地道	(A)	dìdao	pure; typical; genuine	32
地理	地理	(N)	dìlǐ	geography	31
弟子不必 　不如師	弟子不必 　不如师	(IE)	dìzǐ búbì bùrú shī	Disciples are not necessarily inferior to teachers.	29
點心	点心	(N)	diǎnxin	light refreshments; pastry	27
丟人	丢人	(VO)	diūrén	to lose face; to be disgraced	35
東北	东北	(PN)	Dōngběi	the Northeast	36
動	动	(V)	dòng	to move	36
動作	动作	(N)	dòngzuò	movement, action	30
都市	都市	(N)	dūshì	city; metropolis	33
讀	读	(V)	dú	to read; to study, to attend school	32
讀書	读书	(VO)	dúshū	to read; to study, to attend school	32
杜甫	杜甫	(PN)	Dù Fǔ	(a great poet of the Tang Dynasty)	36
對面	对面	(N)	duìmiàn	opposite side	30

E

俄羅斯	俄罗斯	(PN)	Éluósī	Russia	31

F

發現	发现	(V)	fāxiàn	to find, to discover	27
飯店	饭店	(N)	fàndiàn	hotel	37
方式	方式	(N)	fāngshì	way	30
非洲	非洲	(PN)	Fēizhōu	Africa	33
……分之……	……分之……		……fēnzhī……	(used to express a fraction or percentage)	35
風俗	风俗	(N)	fēngsú	custom	27
封	封	(M)	fēng	(measure word for letters)	36
瘋	疯	(A)	fēng	mad; crazy	35
服務	服务	(V)	fúwù	to give service; to serve	27
服務員	服务员	(N)	fúwùyuán	attendant, waiter/waitress	27
父	父	(N)	fù	father	32
父母	父母	(N)	fùmǔ	father and mother, parents	32
付	付	(V)	fù	to pay	35
複雜	复杂	(A)	fùzá	complicated	36

G

乾	干	(A)	gān	dry	28
乾杯	干杯	(VO)	gānbēi	to drink a toast; Cheers!	28
乾淨	干净	(A)	gānjìng	clean	27
感覺	感觉	(N/V)	gǎnjué	feeling/to feel	31
感謝	感谢	(V)	gǎnxiè	to thank	28
橄欖球	橄榄球	(N)	gǎnlǎnqiú	American football	37
高明	高明	(A)	gāomíng	brilliant, wise	29
高新技術	高新技术	(N)	gāo xīn jìshù	new and advanced technology	32
高原	高原	(N)	gāoyuán	plateau, highland	33
搞	搞	(V)	gǎo	to do, to carry on	32

個人	个人	(N)	gèrén	individual (person)	32
各	各	(Pr)	gè	each; every	36
跟	跟	(V)	gēn	to follow	35
更	更	(Adv)	gèng	more	27
工資	工资	(N)	gōngzī	wages; pay	32
公里	公里	(M)	gōnglǐ	kilometre	31
夠	够	(A/V)	gòu	enough, sufficient / to be adequate	32
姑爺	姑爷	(N)	gūye	son-in-law	38
古	古	(A)	gǔ	ancient	29
古跡	古迹	(N)	gǔjì	historical site	31
古書	古书	(N)	gǔshū	ancient book	29
鼓	鼓	(N)	gǔ	drum	30
颳	刮	(V)	guā	to blow	34
掛	挂	(V)	guà	to hang	29
關係	关系	(N)	guānxì	relation; relationship	33
關心	关心	(V)	guānxīn	to be concerned with	32
觀念	观念	(N)	guānniàn	concept	35
管	管	(V)	guǎn	to bother about	35
規矩	规矩	(N)	guīju	rule; custom; manner	38

H

海	海	(N)	hǎi	sea	31
寒帶	寒带	(N)	hándài	frigid zone; the arctic	36
好處	好处	(N)	hǎochù	advantage; benefit	35
好看	好看	(A)	hǎokàn	pleasant to look; good-looking	29
好奇	好奇	(A)	hàoqí	curious	32
河	河	(N)	hé	river	31
紅雙喜字	红双喜字	(IE)	hóng shuāngxǐ zì	the red "囍" character	38
後來	后来	(N)	hòulái	afterwards, later	30
胡同	胡同	(N)	hútòng	lane; alley	38
壺	壶	(N/M)	hú	kettle, pot	27
湖北	湖北	(PN)	Húběi	Hubei Province	34
湖南	湖南	(PN)	Húnán	Hunan Province	34
互相	互相	(Adv)	hùxiāng	mutually; one another	29
花	花	(V)	huā	to spend	32
花轎	花轿	(N)	huājiào	bridal sedan chair	38
歡迎	欢迎	(V)	huānyíng	to welcome	29
環境	环境	(N)	huánjìng	environment	33
黃河	黄河	(PN)	Huáng Hé	the Yellow River	31
黃山	黄山	(PN)	Huáng Shān	Mt. Huang	31
回	回	(M)	huí	(measure word for things or the times of an action)	37
婚禮	婚礼	(N)	hūnlǐ	wedding ceremony	38
活動	活动	(V/N)	huódòng	to move about / activity	30

J

積蓄	积蓄	(V/N)	jīxù	to save / savings	35
紀念	纪念	(V)	jìniàn	to commemorate	28, 33
紀念品	纪念品	(N)	jìniànpǐn	souvenir	28
季	季	(N)	jì	season	36
季節	季节	(N)	jìjié	season	36
既……又……	既……又……	(Conj)	jì……yòu……	both... and...	33
繼續	继续	(V)	jìxù .	to continue	33
家	家	(Suf)	jiā	specialist in a certain field	29
家書抵萬金	家书抵万金		Jiāshū dǐ wàn jīn	"A letter from home is worth a fortune in gold."	36
嫁	嫁	(V)	jià	(of a woman) to marry	38
艱苦	艰苦	(A)	jiānkǔ	arduous; hard	35
簡單	简单	(A)	jiǎndān	simple	30
建立	建立	(V)	jiànlì	to build, to establish	33
劍	剑	(N)	jiàn	sword	30
江南	江南	(PN)	Jiāngnán	(south of the Changjiang River	36
講	讲	(V)	jiǎng	to speak; to tell; to explain	34
澆	浇	(V)	jiāo	to water	29
叫做	叫做	(V)	jiàozuò	to be called	30
教堂	教堂	(N)	jiàotáng	church; cathedral	38
教育	教育	(V/N)	jiàoyù	to educate / education	33
接受	接受	(V)	jiēshòu	to accept	33
接着	接着	(V/conj)	jiēzhe	to follow; to carry on / then	37
街	街	(N)	jiē	street	30
街心花園	街心花园	(NP)	jiēxīn huāyuán	a landscaped island at an intersection of avenues	30
節日	节日	(N)	jiérì	festival	28
節約	节约	(V)	jiéyuē	to save; to economize	35
傑克	杰克	(PN)	Jiékè	Jack (name of a character in this textbook; an Australian man)	38
結婚	结婚	(VO)	jiéhūn	to marry	32
結婚證	结婚证	(N)	jiéhūnzhèng	marriage certificate	38
解決	解决	(V)	jiějué	to solve	33
借債	借债	(VO)	jièzhài	to borrow money	35
金(子)	金(子)	(N)	jīnzi	gold	35
近	近	(A)	jìn	near; close	33
金錢	金钱	(N)	jīnqián	money	35
經濟	经济	(N)	jīngjì	economy	35
驚	惊	(V)	jīng	surprise	28
驚喜	惊喜	(N)	jīngxǐ	pleasant surprise	28
敬酒	敬酒	(VO)	jìngjiǔ	to politely offer a cup of wine; to propose a toast	37

静	静	(A)	jìng	quiet	27
久	久	(A)	jiǔ	long	34
酒杯	酒杯	(N)	jiǔbēi	wine cup	37
就是	就是	(Conj)	jiùshì	even if	35
舉	举	(V)	jǔ	to hold up; to raise	37
舉頭望明月	举头望明月		Jǔ tóu wàng míngyuè	"(I) raise (my) head and gaze at the bright moon."	36
舉行	举行	(V)	jǔxíng	to hold (a meeting, ceremony, etc,)	38
句	句	(M)	jù	sentence	29
句子	句子	(N)	jùzi	sentence	29
決定	决定	(V)	juédìng	to decide; to make up one's mind	38
絕對	绝对	(A)	juéduì	absolute	35
君子蘭	君子兰	(N)	jūnzǐ lán	scarlet kaffir lily	29

K

咖啡館	咖啡馆	(N)	kāfēiguǎn	cafe; coffee bar	27
開花	开花	(VO)	kāihuā	to bloom	29
開口	开口	(VO)	kāikǒu	to open one's mouth; to start to talk (frequently about something that is embarrassing)	38
看法	看法	(N)	kànfǎ	view	27
看見	看见	(VC)	kànjiàn	to see, to catch sight of	33
烤全羊	烤全羊	(N)	kǎoquányáng	whole roasted lamb	37
靠近	靠近	(V)	kàojìn	to draw near; to approach	33
科學	科学	(N)	kēxué	science	33
科學家	科学家	(N)	kēxuéjiā	scientist	33
棵	棵	(M)	kē	(a measure word for trees and plants)	31
可	可	(Adv)	kě	really; truly; indeed	34
可樂	可乐	(N)	kělè	cola; soft drink; Coke	34
客人	客人	(N)	kèren	guest	38
空氣	空气	(N)	kōngqì	air	33
口	口	(N)	kǒu	mouth	38
塊	块	(M)	kuài	piece, lump	27
筷子	筷子	(N)	kuàizi	chopsticks	27
款	款	(N)	kuǎn	money	35
困難	困难	(A/N)	kùnnan	difficult / difficulty	35

L

辣	辣	(A)	là	hot (spicy)	34
來往	来往	(V)	láiwǎng	to come and to go	34
老人	老人	(N)	lǎorén	senior; elderly man or woman	30
禮輕情意重	礼轻情意重	(IE)	lǐ qīng qíngyì zhòng	The gift is trifling but the sentiment is profound.	28
李白	李白	(PN)	Lǐ Bái	LiBai (name of a great Chinese poet of the Tang Dynasty)	34

李玉蘭	李玉兰	(PN)	Lǐ Yùlán	Li Yulan (name of a character in this textbook; a Chinese girl)	38
立交橋	立交桥	(N)	lìjiāoqiáo	overpass	30
倆	俩	(Num)	liǎ	(Coll.) two (people)	38
連	连	(Conj)	lián	even	34
練	练	(V)	liàn	to practise	29
涼	凉	(A)	liáng	cool	34
涼快	凉快	(A)	liángkuai	cool	36
兩岸猿聲 啼不住	两岸猿声 啼不住		Liǎng àn yuán shēng tí bú zhù	"Monkeys on both banks do not stop calling"	34
聊天	聊天	(VO)	liáotiān	to chat	27
了	了	(V)	liǎo	to end up	36
瞭解	了解	(V)	liǎojiě	to understand; to find out	27
鄰居	邻居	(N)	línjū	neighbour	38
靈山	灵山	(PN)	Líng Shān	Mt. Ling (a mountain in the suburbs of Beijing)	33
留學	留学	(VO)	liúxué	to study abroad	32
路線	路线	(N)	lùxiàn	route; itinerary	36
旅遊	旅游	(V)	lǚyóu	to tour	31
綠化	绿化	(V)	lǜhuà	to make (a location) green by planting trees; offorestation	33
鑼	锣	(N)	luó	gong	30

M

埋單	埋单	(VO)	máidān	(Coll.) to pay a bill	37
毛	毛	(N)	máo	hair; feather; down	28
毛筆	毛笔	(N)	máobǐ	writing brush	28
美麗	美丽	(A)	měilì	beautiful	32
門口	门口	(N)	ménkǒu	doorway	30
蒙族	蒙族	(PN)	Měngzú	Mongolian nationality	37
夢	梦	(N)	mèng	dream	35
夢話	梦话	(N)	mènghuà	"dream talk"; words uttered in one's sleep; nonsense	35
迷	迷	(V/N)	mí	to confuse; to enchant / fan	34
米	米	(M)	mǐ	metre	31
米	米	(N)	mǐ	rice	35
面積	面积	(N)	miànjī	area	31
民歌	民歌	(N)	míngē	folk song	37
民間	民间	(N)	mínjiān	folk	30
名不虛傳	名不虚传	(IE)	míngbùxūchuán	to have a well-deserved reputation	32
名牌	名牌	(N)	míngpái	famous brand	28
名勝	名胜	(N)	míngshèng	scenic spot	31
名勝古跡	名胜古迹	(IE)	míngshèng gǔjì	scenic spot and historical site	31
明白	明白	(A)	míngbai	to understand; to realize	37

母	母	(N)	mǔ	mother	31
母親	母亲	(N)	mǔqīn	mother	31
木(頭)	木(头)	(N)	mù(tou)	wood	33
木屋	木屋	(N)	mùwū	log cabin	33

N

內蒙	内蒙	(PN)	Nèiměng	Inner Mongolia	36
那麼	那么	(Pr)	nàme	so; like that	28
腦筋	脑筋	(N)	nǎojīn	brain; mind; way of thinking	38
鬧	闹	(A/V)	nào	noisy	27
扭	扭	(V)	niǔ	to twist	30
扭秧歌	扭秧歌	(VO)	niǔ yāngge	to do the *yangge* dance	30
暖氣	暖气	(N)	nuǎnqì	heating	36

O

| 哦 | 哦 | (Int) | ó | oh; aha (expressing a sudden realization) | 32 |

P

怕	怕	(V)	pà	to fear, to be afraid of	34
牌(子)	牌(子)	(N)	pái(zi)	brand	28
盤	盘	(M)	pán	dish	27
盤子	盘子	(N)	pánzi	plate, dish	27
跑步	跑步	(VO)	pǎobù	to jog	30
盆	盆	(N)	pén	pot	29
盆景	盆景	(N)	pénjǐng	miniature trees and rockery, bonsai	29
批評	批评	(V)	pīpíng	to criticize	38
啤酒	啤酒	(N)	píjiǔ	beer	28
品	品	(Suf)	pǐn	article, product	28
平方	平方	(N)	píngfāng	square	31
平方公里	平方公里	(M)	píngfānggōnglǐ	square kilometer	31
樸素	朴素	(A)	pǔsù	simple; plain	35

Q

其餘	其余	(Pr)	qíyú	the other; the rest	35
奇怪	奇怪	(A)	qíguài	strange; surprising; odd	31
企業	企业	(N)	qǐyè	enterprise, business	32
氣候	气候	(N)	qìhòu	climate	36
謙虛	谦虚	(A)	qiānxū	modest	29
牆	墙	(N)	qiáng	wall	29
搶	抢	(V)	qiǎng	to snatch; to make efforts to be the first; to fight for	37
敲	敲	(V)	qiāo	to beat; to knock	30
敲鑼打鼓	敲锣打鼓	(IE)	qiāoluó dǎgǔ	to beat drums and gongs	30
橋	桥	(N)	qiáo	bridge	30
巧	巧	(A)	qiǎo	skillful; opportunely; coincidentally	32
切	切	(V)	qiē	to cut, to slice	27
親戚	亲戚	(N)	qīnqi	relative	38

勤儉	勤俭	(A)	qínjiǎn	hardworking and thrifty	35
輕	轻	(A)	qīng	light	28
輕舟已過萬重山	轻舟已过万重山		Qīngzhōu yǐ guò wàn chóng shān	"But my boat has passed ten thousand mountain ranges."	34
清楚	清楚	(A)	qīngchǔ	clear	32
情意	情意	(N)	qíngyì	affection	28
請客	请客	(VO)	qǐngkè	to invite sb. (to dinner), usually with the intention to pay	37
球場	球场	(N)	qiúchǎng	ground or court for ball games	37
確實	确实	(Adv)	quèshí	really; indeed	33
裙子	裙子	(N)	qúnzi	skirt	36

R

然後	然后	(Adv)	ránhòu	then; after that	37
熱帶	热带	(N)	rèdài	torrid zone; the tropics	36
熱鬧	热闹	(A/V)	rènao	bustling with noise and excitement	27
人口	人口	(N)	rénkǒu	population	31
人們	人们	(N)	rénmen	people	29
認爲	认为	(V)	rènwéi	to think, to consider	32
日	日	(N)	rì	sun, daytime	34
日子	日子	(N)	rìzi	day; life	35
入	入	(V)	rù	to enter	27
入鄉隨俗	入乡随俗	(IE)	rù xiāng suí sú	When in Rome, do as the Romans do.	27

S

三峽	三峡	(PN)	Sānxiá	the Three Gorges of the Yangtze River	34
沙漠	沙漠	(N)	shāmò	desert	33
莎士比亞	莎士比亚	(PN)	Shāshìbǐyà	William Shakespeare	36
山峰	山峰	(N)	shānfēng	mountain peak	31
山水	山水	(N)	shānshuǐ	mountain and water landscape	34
山水畫	山水画	(N)	shānshuǐhuà	landscape painting	34
商量	商量	(V)	shāngliang	to discuss; to talk over	38
商品	商品	(N)	shāngpǐn	commodity; goods	35
商品經濟	商品经济	(N)	shāngpǐn jīngjì	commodity economy	35
賞	赏	(V)	shǎng	to admire; to enjoy	28
上班	上班	(VO)	shàngbān	to go to work	30
稍	稍	(Adv)	shāo	slightly; a little	27
神女峰	神女峰	(PN)	Shénnǚ Fēng	Goddess Peak	34
生病	生病	(VO)	shēngbìng	to fall ill	30
生産	生产	(V/N)	shēngchǎn	to produce / production	35
生命	生命	(N)	shēngmìng	life	35
生氣	生气	(VO)	shēngqì	to get angry	38
聲	声	(N)	shēng	sound, voice	27
聲音	声音	(N)	shēngyīn	sound, voice	27
師	师	(Suf)	shī	person skillful at a certain profession;	29

				expert; master	
師不必賢於弟子	师不必贤于弟子	(IE)	shī búbì xián yú dìzǐ	Teachers are not necessarily more capable than disciples.	29
詩	诗	(N)	shī	poem	34
詩人	诗人	(N)	shī rén	poet	36
甚麼的	什么的	(Pr)	shénmede	(coll.) and so on; et cetera	32
時代	时代	(N)	shídài	times; era	35
實現	实现	(V)	shíxiàn	to realize	35
食物	食物	(N)	shíwù	food; eatables	27
世紀	世纪	(N)	shìjì	century	35
世界	世界	(N)	shìjiè	world	31
市	市	(N)	shì	city; municipality	33
事先	事先	(N)	shìxiān	in advance; beforehand	37
收	收	(V)	shōu	to receive; to accept	28
熟	熟	(A)	shóu	familiar	36
手	手	(N)	shǒu	hand	30
手指	手指	(N)	shǒuzhǐ	finger	27
首	首	(M)	shǒu	(measure word for poems and songs, etc.)	34
首都	首都	(N)	shǒudū	capital	33
首先	首先	(Adv)	shǒuxiān	first of all; firstly	37
受	受	(V)	shòu	to receive	37
書法	书法	(N)	shūfǎ	calligraphy	28
書法家	书法家	(N)	shūfǎjiā	calligrapher	29
書房	书房	(N)	shūfáng	study	29
書架	书架	(N)	shūjià	bookshelf	29
樹	树	(N)	shù	tree	31
雙	双	(M)	shuāng	pair	38
水果	水果	(N)	shuǐguǒ	fruit	28
說話	说话	(VO)	shuōhuà	to speak; to talk	27
四川	四川	(PN)	Sìchuān	Sichuan Province	34
松樹	松树	(N)	sōngshù	pine tree	31
俗	俗	(N)	sú	custom	27
算	算	(V)	suàn	to calculate, to consider	32
隨	随	(V)	suí	to follow	27

T

臺	台	(N)	tái	platform; stage	27
臺灣	台湾	(PN)	Táiwān	Taiwan	31
擡	抬	(V)	tái	to lift; to raise	37
太極劍	太极剑	(N)	tàijíjiàn	*taijijian* (a kind of traditional Chinese swordplay)	30
太太	太太	(N)	tàitai	Mrs.; madam	38
唐代	唐代	(PN)	Tángdài	Tang Dynasty	29
《唐詩選》	《唐诗选》	(PN)	《Tángshī Xuǎn》	*Selected Tang Poems*	36

糖	糖	(N)	táng	sweets; candy	28
特色	特色	(N)	tèsè	characteristic; distinguishing feature	28
添	添	(V)	tiān	to add; to increase	37
舔	舔	(V)	tiǎn	to lick	27
條件	条件	(N)	tiáojiàn	condition, term	33
跳	跳	(V)	tiào	to jump, to leap	30
跳舞	跳舞	(VO)	tiàowǔ	to dance	30
貼	贴	(V)	tiē	to paste; to stick	38
聽見	听见	(VC)	tīngjiàn	to hear	30
挺	挺	(Adv)	tǐng	(Coll.) very; quite	35
退休	退休	(V)	tuìxiū	to retire	30

W

外交	外交	(N)	wàijiāo	diplomacy	33
外交官	外交官	(N)	wàijiāoguān	diplomat	33
晚飯	晚饭	(N)	wǎnfàn	supper; dinner	37
萬	万	(Num)	wàn	ten thousand	31
網	网	(N)	wǎng	net	33
網吧	网吧	(N)	wǎngbā	internet cafe / bar	30
網絡	网络	(N)	wǎngluò	internet	32
爲	为	(Prep)	wèi	for	34
圍	围	(V)	wéi	to surround	30
圍巾	围巾	(N)	wéijīn	scarf	28
偉大	伟大	(A)	wěidà	great	36
味道	味道	(N)	wèidao	taste; flavour	37
味兒	味儿	(N)	wèir	taste; flavour	34
文房四寶	文房四宝	(IE)	wénfáng sìbǎo	the four treasures of the study	28
文學家	文学家	(N)	wénxuéjiā	writer	29
穩定	稳定	(A)	wěndìng	stable	35
污染	污染	(V)	wūrǎn	to pollute	33
屋(子)	屋(子)	(N)	wū(zi)	house, room	33
武術	武术	(N)	wǔshù	martial arts	30
舞	舞	(N)	wǔ	dance	27
舞蹈	舞蹈	(N)	wǔdǎo	dance	30
舞臺	舞台	(N)	wǔtái	stage	27
舞廳	舞厅	(N)	wǔtīng	ballroom	30

X

西餐	西餐	(N)	xīcān	Western-style food (meal)	27
西藏	西藏	(PN)	Xīzàng	Tibet	31
西王母	西王母	(PN)	Xīwángmǔ	The Queen Mother of the West (a figure in Chinese mythology)	34
希望	希望	(V/N)	xīwàng	to hope / hope	28
悉尼	悉尼	(PN)	Xīní	Sydney	38
喜	喜	(V)	xǐ	happy; delighted	

喜糖	喜糖	(N)	xǐtáng	wedding sweets (or candies)	38
下棋	下棋	(VO)	xiàqí	to play chess	30
夏令營	夏令营	(N)	xiàlìngyíng	summer camp	33
現代	现代	(N)	xiàndài	modern	36
鄉	乡	(N)	xiāng	native place; home village; country	27
香港	香港	(PN)	Xiānggǎng	Hong Kong	31
享受	享受	(V/N)	xiǎngshòu	to enjoy / enjoyment	35
小時候	小时候	(N)	xiǎoshíhou	in one's childhood	36
小意思	小意思	(IE)	xiǎoyìsi	just a small token	28
笑話	笑话	(N)	xiàohua	joke	37
欣賞	欣赏	(V)	xīnshǎng	to appreciate; to enjoy	32
新婚	新婚	(A)	xīnhūn	newly-married	38
新疆	新疆	(PN)	Xīnjiāng	Xinjiang (an autonomous region of China)	37
新娘	新娘	(N)	xīnniáng	bride	38
信用	信用	(N)	xìnyòng	credit	35
幸福	幸福	(A)	xìngfú	happy	38
休閒	休闲	(V)	xiūxián	to take recreation	30
修整	修整	(V)	xiūzhěng	to prune, to trim	29
選擇	选择	(V/N)	xuǎnzé	to select / choice	36

Y

研究	研究	(V/N)	yánjiū	(to) study; (to) research	33
宴席	宴席	(N)	yànxí	banquet; feast	38
秧歌	秧歌	(N)	yāngge	*yangge* dance	30
羊肉	羊肉	(N)	yángròu	mutton	37
養	养	(V)	yǎng	to grow, to raise	29
搖籃	摇篮	(N)	yáolán	cradle	31
要不	要不	(Conj)	yàobù	otherwise, or else	30
葉(子)	叶(子)	(N)	yè(zi)	leaf	29
頁	页	(M)	yè	page	36
夜	夜	(N)	yè	night	34
一般	一般	(A)	yìbān	general, ordinary	28
一輩子	一辈子	(N)	yíbèizi	for all of / throughout one's life; lifetime	35
一邊……，一邊……	一边……，一边……		yìbiān……，yìbiān……	at the same time; simultaneously	27
醫務室	医务室	(N)	yīwùshì	clinic	34
移	移	(V)	yí	to move	33
移植	移植	(V)	yízhí	to transplant	33
疑是地上霜	疑是地上霜		Yí shì dì shàng shuāng	"(I) suspect (it) is frost on the ground."	36
億	亿	(Num)	yì	a hundred million	31
藝術	艺术	(N)	yì shù	art	29
意見	意见	(N)	yìjiàn	idea, suggestion	29
意思	意思	(N)	yìsi	meaning, idea	29

隱私	隐私	(N)	yǐnsī	privacy; personal secret	32
迎客松	迎客松	(PN)	Yíngkèsōng	The Guest-Welcoming Pine (on Mt. Huang)	31
由	由	(Prep)	yóu	by	37
遊	游	(V)	yóu	to travel, to tour	31
遊船	游船	(N)	yóuchuán	pleasure boat	34
遊覽	游览	(V)	yóulǎn	to go sight-seeing; to tour	32
友好	友好	(A)	yǒuhǎo	friendly	32
友誼	友谊	(N)	yǒuyì	friendship	28
有時	有时	(Adv)	yǒushí	sometimes	36
有時候	有时候	(Adv)	yǒushíhou	sometimes	36
愉快	愉快	(A)	yúkuài	joyful; cheerful	37
羽絨服	羽绒服	(N)	yǔróngfú	down coat	36
園藝	园艺	(N)	yuányì	gardening	29
園藝師	园艺师	(N)	yuányìshī	horticulturist	29
約	约	(V)	yuē	to ask / invite in advance	37
月餅	月饼	(N)	yuèbing	moon cake	28
月亮	月亮	(N)	yuèliang	moon	28
岳父	岳父	(N)	yuèfù	father-in-law (the wife's father)	38
岳母	岳母	(N)	yuèmǔ	mother-in-law (the wife's mother)	38
越……越……	越……越……		yuè……yuè……	the more... the more...	37
雲	云	(N)	yún	cloud	31
暈	晕	(V)	yūn	to feel dizzy	34
暈船	晕船	(VO)	yùnchuán	seasickness	34

Z

再説	再说	(Conj)	zàishuō	what's more	34
早上	早上	(N)	zǎoshang	(early) morning	30
債	债	(N)	zhài	debt	35
賬	账	(N)	zhàng	account; bill	37
賬單	账单	(N)	zhàngdān	bill	37
照相	照相	(VO)	zhàoxiàng	to take a picture	32
這樣	这样	(Pr)	zhèyàng	so, such	27
珍貴	珍贵	(A)	zhēnguì	valuable; precious	36
掙	挣	(V)	zhèng	to earn	32
整齊	整齐	(A)	zhěngqí	neat; tidy	29
正常	正常	(A)	zhèngcháng	normal, regular	27
正確	正确	(A)	zhèngquè	correct	31
政府	政府	(N)	zhèngfǔ	government	38
……之一	……之一		……zhīyī	one of	28
知識	知识	(N)	zhīshi	knowledge	31
植樹	植树	(VO)	zhíshù	to plant trees	33
植樹節	植树节	(PN)	Zhíshù Jié	Arbour Day	33
植物	植物	(N)	zhíwù	plant	33

植物園	植物园	(N)	zhíwùyuán	botanical garden	33
止	止	(V)	zhǐ	to stop	34
只是	只是	(Adv)	zhǐshì	only; just	38
只要	只要	(Conj)	zhǐyào	as long as	31
指	指	(V)	zhǐ	to point out	34
中華	中华	(PN)	Zhōnghuá	China	31
中間	中间	(N)	zhōngjiān	middle; centre	32
中秋節	中秋节	(PN)	Zhōngqiū Jié	the Mid-Autumn Festival	28
重要	重要	(A)	zhòngyào	important	28
珠穆朗瑪峰	珠穆朗玛峰	(PN)	Zhúmùlǎngmǎ Fēng	Mount Qomolangma (Mount Everest)	31
主意	主意	(N)	zhǔyi	idea	33
住房	住房	(N)	zhùfáng	house; lodgings; housing	32
準備	准备	(V)	zhǔnbèi	to prepare	28
字	字	(N)	zì	character; handwriting	29
字畫	字画	(N)	zìhuà	calligraphy and painting	29
自然	自然	(A/N)	zìrán	natural / nature	31
嘴	嘴	(N)	zuǐ	mouth	27
最	最	(Adv)	zuì	most	27
最好	最好	(Adv)	zuìhǎo	had better; it would be best	36
最後	最后	(N)	zuìhòu	final; last	37
最近	最近	(N)	zuìjìn	recently	30
尊敬	尊敬	(V)	zūnjìng	to respect; to honour	37
尊重	尊重	(V)	zūnzhòng	to respect; to value	28
作品	作品	(N)	zuòpǐn	work of literature or art	29
做操	做操	(VO)	zuòcāo	to do gymnastics	30

補充詞彙
Supplementary Words

繁體	簡體	詞性	拼音	英譯	課號
			A		
阿姨	阿姨	(N)	āyí	maid	37
奧林匹克	奥林匹克	(PN)	Àolínpǐkè	the Olympics	30
			B		
鼻烟壺	鼻烟壶	(N)	bíyānhú	snuff bottle	34
部門	部门	(N)	bùmén	branch; department; section	32
			C		
藏	藏	(V)	cáng	to hide	38
長壽	长寿	(A)	chángshòu	longevity	30
嫦娥	嫦娥	(PN)	Cháng'é	the Goddess of the Moon	28
嫦娥奔月	嫦娥奔月	(IE)	Cháng'é bèn yuè	Changre flying to the moon	28
炒	炒	(V)	chǎo	to stir-fry	37
詞典	词典	(N)	cídiǎn	dictionary	37
聰明	聪明	(A)	cōngmíng	intelligent, clever	30
存款	存款	(N)	cúnkuǎn	bank savings	35
			D		
打魚	打鱼	(VO)	dǎyú	to go fishing	34
大部分	大部分		dàbùfen	the greater part	35
燈	灯	(N)	dēng	lamp; lantern	38
調查	调查	(V)	diàochá	to investigate	30
掉	掉	(V)	diào	to fall	34
動物園	动物园	(N)	dòngwùyuán	zoo	33
段	段	(N/M)	duàn	section; part	31
對	对	(V)	duì	to match	38
對聯	对联	(N)	duìlián	antithetical couplet	38
			E		
阿彌陀佛	阿弥陀佛	(IE)	Ēmítuófó	May Buddha preserve us; merciful Buddha	27
耳朵	耳朵	(N)	ěrduo	ear	33
			F		
飛虎旗	飞虎旗	(N)	fēihǔqí	flying tiger banner	38
肥	肥	(A)	féi	fat	33
奮鬥	奋斗	(V)	fèndòu	to struggle	35
			G		
改善	改善	(V)	gǎishàn	to improve	31
高薪	高薪	(N)	gāoxīn	high salary	35
工程	工程	(N)	gōngchéng	engineering project	31

工程師	工程师	(N)	gōngchéngshī	engineer	32
工具	工具	(N)	gōngjù	tool	32
工藝品	工艺品	(N)	gōngyìpǐn	handicraft item	34
公里	公里	(M)	gōnglǐ	kilometer	30
古代	古代	(N)	gǔdài	ancient times	28
故鄉	故乡	(N)	gùxiāng	hometown	30
關心	关心	(V)	guānxīn	to care for	29
官	官	(N)	guān	government official	36
果樹	果树	(N)	guǒshù	fruit tree	34

H

杭州	杭州	(PN)	Hángzhōu	Hangzhou (a city in China)	31
和尚	和尚	(N)	héshang	Buddhist monk	27
虎	虎	(N)	hǔ	tiger	38
畫像	画像	(N)	huàxiàng	portrait	34
皇宮	皇宫	(N)	huánggōng	palace	28
匯合	汇合	(V)	huìhé	to converge; to join	31

J

激烈	激烈	(A)	jīliè	intense; sharp	32
計劃	计划	(V)	jìhuà	to plan	37
計劃生育	计划生育		jìhuà shēngyù	family planning	37
賈島	贾岛	(PN)	Jiǎ Dǎo	Jia Dao (a Chinese poet of the Tang Dynasty)	36
健康	健康	(N/A)	jiànkāng	health/healthy	30
江南	江南	(PN)	Jiāngnán	areas south of the Changjiang River	31
將軍	将军	(N)	jiāngjūn	general	34
將軍服	将军服	(N)	jiāngjūnfú	a general's uniform	34
交際	交际	(N)	jiāojì	social relations; communication	35
轎子	轿子	(N)	jiàozi	sedan chair	36
今朝有酒今朝醉	今朝有酒今朝醉		jīnzhāo yǒu jiǔ jīnzhāo zuì	"Get drunk while there is still wine"; indulge oneself for the moment	35
經過	经过	(V)	jīngguò	to pass, to go through	36
經驗	经验	(N)	jīngyàn	experience	32
競爭	竞争	(V/N)	jìngzhēng	to compete/competition	32
敬	敬	(V)	jìng	to offer politely	27
捲	卷	(V)	juǎn	to roll up	38
決定	决定	(V)	juédìng	to decide	33

L

拉	拉	(V)	lā	to pull; to drag	36
老舍	老舍	(PN)	Lǎo Shě	Lao She (a Chinese modern writer)	29
樂趣	乐趣	(N)	lèqù	pleasure	29
流傳	流传	(V)	liúchuán	to spread	30
留	留	(V)	liú	to stay	33
柳樹	柳树	(N)	liǔshù	willow	31

| 亂 | 乱 | (A) | luàn | disordered; messy; chaotic | 35 |
| 輪椅 | 轮椅 | (N) | lúnyǐ | wheelchair | 34 |

M

毛驢	毛驴	(N)	máolú	donkey	36
美德	美德	(N)	měidé	virtue	35
美化	美化	(V)	měihuà	to beautify	29
秘訣	秘诀	(N)	mìjué	secret of success	30
描寫	描写	(V)	miáoxiě	to describe	36
墨鏡	墨镜	(N)	mòjìng	sunglasses	33

N

南水北調	南水北调	(IE)	nán shuǐ běi diào	divert water from the south to the north	31
難過	难过	(V/A)	nánguò	to feel bad/sad; upset	29
鳥	鸟	(N)	niǎo	bird	36
鳥宿池邊樹	乌宿池边树		Niǎo sù chí biān shù	"A bird spends the night on a tree by the side of the pool."	36

P

| 飄颺 | 飘扬 | (V) | piāoyáng | to flutter; to fly | 38 |

Q

旗子	旗子	(N)	qízi	flag; banner	38
前途	前途	(N)	qiántú	future	32
搶救	抢救	(V)	qiǎngjiù	to save; to rescue	33
巧雲	巧云	(PN)	Qiǎoyún	Qiaoyun(name of a young maid)	37
慶祝	庆祝	(V)	qìngzhù	to celebrate	38
窮人	穷人	(N)	qióngrén	poor poeple	35

R

人間	人间	(N)	rénjiān	the human world	28
肉絲	肉丝	(N)	ròusī	shredded meat	37
肉絲炒竹筍	肉丝炒竹笋		ròusī chǎo zhúsǔn	stir-fried shredded pork with bamboo shoots	37

S

僧敲月下門	僧敲月下门		Sēng qiāo yuè xià mén	"A monk knocks on a gate under the moon(light)."	36
上聯	上联	(N)	shànglián	the first line of a couplet	38
神話	神话	(N)	shénhuà	myth	28
生育	生育	(V)	shēngyù	to give birth to	37
使者	使者	(N)	shǐzhě	envoy	33
收藏	收藏	(V)	shōucáng	to collect; to store up	34
書法家	书法家	(N)	shūfǎjiā	calligrapher	27
思考	思考	(V)	sīkǎo	to think deeply	36
寺廟	寺庙	(N)	sìmiào	temple	27
宋代	宋代	(PN)	Sòngdài	Song Dynasty	27
蘇東坡	苏东坡	(PN)	Sū Dōngpō	Su Dongpo (a famous Chinese	27

				writer of the Song Dynasty)	
隋煬帝	隋炀帝	(PN)	Suí Yángdì	Emperor Suiyangdi (an emperor of the Sui Dynasty)	31

T

唐朝	唐朝	(PN)	Tángcháo	Tang Dynasty	28
唐明皇	唐明皇	(PN)	Táng Mínghuáng	Emperor Tangming huang (an emperor of the Tang Dynasty)	28
淘汰	淘汰	(V)	táotài	to eliminate through selection or competition	32
通航	通航	(VO)	tōngháng	to be open to air traffic or to avigation	31
透明	透明	(A)	tòumíng	transparent	34
團聚	团聚	(V)	tuánjù	to reunite; to gather together	28
推	推	(V)	tuī	to push	36
腿	腿	(N)	tuǐ	leg	33

W

挖	挖	(V)	wā	to dig	31
外資	外资	(N)	wàizī	foreign capital	32
王安石	王安石	(PN)	Wáng Ānshí	Wang Anshi(a well-known Chinese statesman and writer of the Song Dynasty)	38
王興	王兴	(PN)	Wáng Xīng	Wang Xing(a person's name)	32
微笑	微笑	(V)	wēixiào	to smile	34
聞	闻	(V)	wén	to smell	28
握	握	(V)	wò	to hold	34

X

熄(燈)	熄(灯)	(V)	xī(dēng)	to put out (a lamp)	38
下聯	下联	(N)	xiàlián	the second line of a couplet	38
夏威夷	夏威夷	(PN)	Xiàwēiyí	Hawaii	34
仙女	仙女	(N)	xiānnǚ	fairy, female immortal	28
香	香	(A)	xiāng	fragrant, sweet-smelling	27
消費	消费	(V)	xiāofèi	to consume	35
心靈	心灵	(N)	xīnlíng	soul	29
心臟	心脏	(N)	xīnzàng	heart	30
醒	醒	(V)	xǐng	to wake up	28
胸	胸	(N)	xiōng	chest	27
熊貓	熊猫	(N)	xióngmāo	panda	33
學歷	学历	(N)	xuélì	record of formal schooling; educational background	32
血	血	(N)	xiě	blood	34

Y

研究	研究	(V)	yánjiū	to study; to do research	31
眼睛	眼睛	(N)	yǎnjing	eye	33
揚州	扬州	(PN)	Yángzhōu	Yangzhou (a city in China)	31

野生動物 保護協會	野生动物 保护协会	(PN)	Yěshēng Dòngwù Bǎohù Xiéhuì	the Association for the Protection of the Wildlife	33
引	引	(V)	yǐn	to divert; to lead	31
優	优	(A)	yōu	excellent	37
優生優育	优生优育		yōushēng yōuyù	"bear and rear better children"	37
原來	原来	(N)	yuánlái	formerly; originally	28
緣分	缘分	(N)	yuánfèn	fate or fortune by which people are brought together	34
院子	院子	(N)	yuànzi	courtyard	29
月宮	月宫	(N)	yuègōng	the Lunar Palace	28
運動	运动	(V/N)	yùndòng	to do physical exercise/sports	30
運河	运河	(N)	yùnhé	canal	31

Z

在於	在于	(V)	zàiyú	to depend on; to rely on	30
張學良	张学良	(PN)	Zhāng Xuéliáng	Zhang xueliang(name of a well-known Chinese general of the 1930s)	34
照顧	照顾	(V)	zhàogù	to look after	29
珍貴	珍贵	(A)	zhēnguì	valuable; precious	34
支持	支持	(V)	zhīchí	to support	32
中榜	中榜	(VO)	zhòngbǎng	to win a state examination	38
竹笋	竹笋	(N)	zhúsǔn	bamboo shoots	37
竹葉	竹叶	(N)	zhúyè	bamboo leaf	33
竹子	竹子	(N)	zhúzi	bamboo	37
主人	主人	(N)	zhǔrén	master	37
追求	追求	(V)	zhuīqiú	to seek	35
走馬燈	走马灯	(N)	zǒumǎdēng	lantern with revolving, paper-cut figures	38
組	组	(V/N)	zǔ	to form/group	30

字表索引
Character Index

N		
鬧	27	
念	28	
扭	30	
暖	36	

O		
哦	32	

P		
牌	28	
盆	29	
批	38	
啤	28	
品	28	
評	38	
樸	35	

Q		
戚	38	
奇	31	
棋	30	
企	32	
謙	29	
牆	29	
搶	37	
敲	30	
橋	30	
切	27	
親	31	
勤	35	

清	32
碻	31
裙	36

R	
染	33
絨	36

S	
沙	33
莎	36
賞	28
稍	27
神	34
勝	31
詩	34
食	27
世	31
示	28
式	30
受	33
熟	36
樹	31
雙	38
霜	36
私	32
斯	31
松	31
俗	27
素	35
隨	27

T	
攤	37
唐	29
堂	38
糖	28
啼	34
舔	27
跳	30
貼	38
廳	30
挺	35
退	30

W	
灣	31
萬	31
網	30
望	28
韋	28
圍	28
偉	36
味	34
穩	35
污	33
武	30
舞	27
務	27

X	
希	28
悉	38

席	38
峽	34
閒	30
賢	29
線	36
鄉	27
享	35
欣	32
幸	38
修	29
虛	29
續	33
蓄	35
選	36

Y	
亞	36
研	33
宴	38
秧	30
養	29
搖	31
爺	38
葉	29
頁	36
移	34
疑	36
億	31
藝	29
誼	28
尹	29

隱	32
迎	29
營	33
余	32
羽	36
育	33
原	33
猿	34
約	35
岳	38
暈	34
0	

Z	
雜	36
讚	28
擇	36
債	35
賬	37
兆	30
珍	36
掙	32
整	29
政	38
之	28
植	33
止	34
指	27
制	37
重	28
珠	31
準	28

資	32
嘴	27
最	27
尊	28